CHARLES BENOIST
MEMBRE DE L'INSTITUT

L'EUROPE EN FEU

CHRONIQUES DE LA GRANDE GUERRE

R.F.

TROISIÈME PARTIE

1917

Du 1er janvier au 15 juin

PARIS
LIBRAIRIE ACADÉMIQUE
PERRIN ET Cie, LIBRAIRES-ÉDITEURS
35, QUAI DES GRANDS-AUGUSTINS, 35
1920
Tous droits de reproduction et de traduction réservés pour tous pays.

L'EUROPE EN FEU

CHRONIQUES DE LA GRANDE GUERRE

TROISIÈME PARTIE

1917

Du 1er janvier au 15 juin

DU MÊME AUTEUR :

Croquis parlementaires de *Sybil*. Un volume in-16 .... 3 fr. 50

L'Espagne, Cuba et les États-Unis, 2e édition. Un volume in-16.. 3 fr. 50

Le Prince de Bismarck. Psychologie de l'Homme fort. Un volume in-16.. 3 fr. 50

Sophismes politiques de ce temps, étude sur les principes, les formes et les procédés de gouvernement. Un volume in-16 .... 3 fr. 50

L'Organisation de la Démocratie. Une brochure in-16. .... 0 fr. 75

L'Europe en feu. Chroniques de la grande guerre. *Première partie. Du 15 janvier au 15 juin 1916.* Un vol. in-16.. 3 fr. 50

L'Europe en feu. Chroniques de la grande guerre. *Deuxième partie. Du 1er juillet au 15 décembre 1916.* Un vol. in-16.. 3 fr. 50

CHARLES BENOIST

MEMBRE DE L'INSTITUT

L'EUROPE EN FEU

CHRONIQUES DE LA GRANDE GUERRE

TROISIÈME PARTIE

1917

Du 1er janvier au 15 juin

PARIS

LIBRAIRIE ACADÉMIQUE

PERRIN ET Cie, LIBRAIRES-ÉDITEURS

35, QUAI DES GRANDS-AUGUSTINS, 35

1920

Tous droits de reproduction et de traduction réservés pour tous pays.

Il a été imprimé 3 exemplaires numérotés sur papier vergé pur fil des Papeteries Lafuma.

Copyrigh by Perrin et Cie 1920.

L'EUROPE EN FEU

I

1er janvier 1917.

BIBLIOTHÈQUE NATIONALE R.F.

LA FAUSSE PAIX. — LES OUVERTURES DE M. DE BETHMANN-HOLLWEG. — MUSIQUE ALLEMANDE. — PLANS D'ANNEXION. — ON SOIGNE L'EFFET AU DEHORS. — LA COMÉDIE DE LA PAIX GÉNÉREUSE. — M. WILSON INTERROGE. — LA VRAIE SITUATION DES EMPIRES CENTRAUX. — LA SEULE PAIX POSSIBLE. — MOTIFS D'ESPÉRER, DE CROIRE ET D'AGIR.

Aux approches de Noël, de ce Noël dont le retour émeut l'âme à la fois farouche et sentimentale de l'Allemagne, troublée profondément, en sa misère présente, au souvenir des jours heureux, le chancelier de l'Empire, M. de Bethmann-Hollweg, a laissé tomber sur le monde désolé une parole qui, sincère et honnête, eût pu être grande : la paix. Mais, prononcée avec l'accent qu'il y a mis, précédée d'avertissements et accompagnée de gloses qui rendent impossible de l'entendre, elle ne saurait être ni honnête, ni sincère; elle est d'avance condamnée à demeurer vaine; méprisable, comme un mensonge et comme une profanation, car jamais il n'a été dit : « Paix sur la terre aux hommes de mauvaise volonté », aux hommes de mauvaise conscience et de mauvais desseins. Ainsi que Celui qui, de ville en ville, fuyait la malédiction, ils s'en vont répétant : « La paix ! » et ce n'est point la paix. Ce n'est encore qu'une manœuvre de guerre, une de plus ; un mouvement combiné de la stratégie allemande et de la diplomatie allemande, qui ont, il faut le reconnaître, cette force qu'elles adhèrent et en quelque sorte collent l'une à l'autre, se servent et se complètent réciproquement. Qu'on se rappelle d'abord les précédents, la préparation lointaine, les déclarations antérieures de M. de Bethmann-Hollweg, ses discours du mois d'août et du mois de décembre 1915, du mois d'avril et du mois de juillet 1916; les discours de M. Scheidemann et des autres chefs de parti, désignés, par un consentement tacite, pour être tout ensemble les hommes de confiance des groupes auprès du chancelier et les hommes de confiance du chancelier auprès des groupes ; les conférences officieuses, et du reste arrêtées net, sur « les buts de guerre » de l'Allemagne ; d'autres conférences, organisées soi-disant en réponse et en apparente opposition à celles-là, par les pangermanistes et les agrariens ; les harangues personnelles de l'Empereur; les interviews et les ordres du jour, tantôt truculents et crevant les cieux, tantôt humanitaires et trempés de larmes, du kronprinz Frédéric-Guillaume, des rois de Saxe et de Wurtemberg, du roi et du prince héritier de Bavière, qui, plus importants que le commun de leurs confédérés, parlent plus volontiers et qu'on fait parler davantage. L'astuce et la patience allemandes, qui ont préparé la guerre pendant quarante-cinq ans, préparent la paix depuis trois ans bientôt, depuis le premier jour de la guerre. Pas un instant, de ses bureaux ou du Grand Quartier Général, la Chancellerie ne s'est lassée d'épier l'occasion. Elle a cru la saisir après chaque victoire, et elle a alors, d'un bout de l'univers à l'autre bout, agité vigoureusement tout son système de grelots; dans les périodes moins heureuses, elle a fait le muet ou le mort, jusqu'à ce que les affaires militaires se rétablissent ; et le ton, selon les cas, s'est haussé ou baissé, comme se sont haussées et baissées les prétentions ; mais il n'est pas arrivé que l'Allemagne n'émît pas ou n'eût pas de prétentions, que les plus modestes ne fussent pas encore excessives, et qu'elles n'aient pas oscillé simplement entre l'odieux et l'inacceptable. Montrons-le mieux, en insistant un peu sur les discours de M. de Bethmann-Hollweg, puisque aussi bien c'est lui qui représente dans l'Empire le personnage autorisé et responsable.

Au mois d'avril 1916, avant la triomphante offensive de Broussiloff, le chancelier ne se tourne vers l'Orient que pour s'écrier : « Après de pareils ébranlements, l'histoire ne connaît plus le *statu quo ante*. Non, la Russie ne doit pas pouvoir encore une fois faire avancer ses armées contre la frontière non protégée de la Prusse orientale. » Et quand, à cette date, il se retourne vers nous, il nous le signifie en termes péremptoires : « Personne ne croira que nous abandonnerons, à l'Occident, le territoire arrosé du sang de notre peuple sans avoir pris des garanties réelles. Là non plus, le destin ne retourne plus en arrière. » De même, le 9 décembre 1915 : « Nous avons remporté d'énormes succès et enlevé à nos ennemis leurs espoirs, les uns après les autres. Après avoir volé de victoire en victoire, nous ne céderons rien de ce que nous avons conquis. » Et, déjà, le 18 août : « Non, cette immense guerre ne restaurera pas l'ancienne situation. Une Europe nouvelle doit surgir et la politique anglaise de l'équilibre des Puissances doit disparaître. » Passent le dernier printemps et le dernier été. L'offensive de Broussiloff couvre à nouveau la Bukovine, ronge ou menace la Galicie ; la vague moscovite, enflée en tempête, revient battre la haute muraille des Carpathes ; l'offensive autrichienne des archiducs est franchement brisée par Cadorna, à sa descente du Trentin ; l'offensive du kronprinz allemand sous Verdun n'avance plus et commence à fléchir ; l'offensive franco-anglaise sur la Somme se dessine. Une à une, les colonies allemandes, comme des branches qui cassent, se sont détachées ou ont été arrachées du tronc : « la carte de guerre, » dès que c'est une carte complète, devient de moins en moins avantageuse. L'Allemagne, économiquement, physiologiquement, l'Allemagne, grande mangeuse, sent la gêne, et sans doute plus, et peut-être bien pis. Aussi le chancelier, à la fin de juillet 1916, ne craint-il pas de paraître beaucoup plus coulant. Il se fait insinuant, pressant, caressant presque. Il interroge notre gouvernement. Le gouvernement français « pense-t-il sérieusement pouvoir atteindre son idéal dans une guerre d'extermination » ? Ce sont les heures grises et mélancoliques où le kronprinz, attendri, pleure dans les journaux américains. La Roumanie ne s'est pas encore déclarée, mais on prévoit et on redoute son intervention. Deux mois durant, septembre et octobre, le chancelier de l'Empire ne dit plus rien, du moins ne dit plus rien de la paix. Il ne fait que vitupérer, ce qui n'est pas dans sa fonction, ni dans son caractère, ni dans ses habitudes. En novembre, les passages des Alpes transylvaines sont forcés par Falkenhayn ; la Valachie est envahie ; l'armée roumaine se replie de ligne en ligne, lentement au début, puis précipitamment ; au commencement de décembre, Bucarest est prise. M. de Bethmann-Hollweg recouvre la voix ; et cette voix, aussitôt grossie, amplifiée, multipliée par les mille voix de la tribune et de la presse, est tout un orchestre.

Dans cette musique infernale, trois parties distinctes. Au dedans, le tonnerre; c'est le vieux dieu allemand, c'est Wotan, ce sont tous les héros étincelants, éclatants et souvent discordants du Walhalla wagnérien, qui, chacun sur son instrument, jouent l'air national : *l'Allemagne au-dessus de tout.* A l'étranger, chez les belligérants, c'est la Sibylle qui parle sans parler, propose des énigmes, donne à deviner des oracles ambigus, et, par tradition, tend des pièges ; chez les neutres, c'est la Sirène, qui se fait engageante, offre son buste et cache sa croupe hérissée d'arêtes. On a procédé selon le protocole. Chaque matin, à onze heures, M. Zimmermann, qui est l'homme aimable et spirituel du gouvernement impérial, a coutume de réunir les directeurs des journaux de la capitale et les représentants à Berlin des journaux de province, et, à ceux-ci comme à ceux-là, il distribue leur rôle : un tel fera le Matamore, et un tel le Gracieux. Malheur à qui s'écarterait si peu que ce fût du programme minutieusement et ministériellement tracé : on lui couperait sans pitié les oreilles, c'est-à-dire les informations dont seule la Chancellerie dispose. Dans un chœur aussi bien réglé, tous les artistes ouvrent la bouche au signal et chantent à la baguette. Il serait dommage de les écouter sans les voir. Donc, regardons-les et instruisons-nous.

La note de M. de Bethmann-Hollweg et sa communication au Reichstag sont du mardi 12 décembre. Or, dès le 28 novembre, les deux journaux nationaux-libéraux, les *Leipziger Neueste Nachrichten* et les *Münchner Neueste Nachrichten*, attaquaient brusquement l'ouverture. La feuille de Leipzig n'y allait pas d'une main molle. Elle attribuait la Valachie à l'Autriche, le versant occidental des Vosges, Longwy et Briey à l'Allemagne; et, la semaine suivante, le 6 novembre, elle fixait les « points secondaires ». Anvers serait un port allemand; l'état-major déterminerait ce qu'il conviendrait de garder de la Belgique pour qu'elle ne puisse plus servir de tête de pont à l'Angleterre. Le reste de la Belgique et de la France constituerait encore un gage suffisant pour rentrer en possession des colonies allemandes, arrondies du Congo. Pour que le peuple allemand ne risquât plus d'être affamé, on prélèverait en Russie de vastes territoires agricoles. Et, pour ne pas s'encombrer de questions de races, il conviendrait d'expulser autant que possible la population des pays annexés. La feuille de Munich appuyait et renchérissait. Le pire malheur, pour l'Allemagne, serait une paix indécise. Il lui fallait se couvrir contre l'agression russe par la constitution d'un État polonais et par l'annexion de la Courlande, de la Lithuanie, du gouvernement de Suwalki, au moins jusqu'au Niémen. Contre l'agression française, dans l'Ouest, le Luxembourg allait devenir un État confédéré. L'Allemagne peut se suffire à elle-même et résister à un blocus, sauf pour le fer ; il est donc pour elle d'un intérêt vital de conserver le bassin de Briey. Le reste du sol français occupé constitue un gage que les Français devront racheter d'une façon ou de l'autre (et dans cette phrase se retrouve l'unisson de la Wilhelmstrasse).

Le 30 novembre, le 1er et le 7 décembre, c'est le tour de la *Kölnische Volkszeitung* (*Gazette po-*

pulaire de Cologne), organe catholique, que n'anime guère qu'une fureur fort peu chrétienne. Pour l'existence de l'Allemagne, une paix sans annexions est inadmissible. Premièrement, l'Allemagne se fera restituer ses colonies, agrandies grâce aux gages que représentent les territoires du Nord de la France. Mais ces gages sont assez précieux pour qu'on puisse exiger en outre une indemnité de guerre et la cession de certaines portions du sol français. L'état-major allemand, du point de vue militaire, exigera des rectifications de frontière ; et, du point de vue économique, à tout prix, l'Allemagne, qui veut du fer, a besoin du bassin de Briey ; elle l'exigera donc aussi. Mais, du triple point de vue militaire, économique et politique, il est essentiel pour elle que la Belgique soit placée sous sa dépendance. En particulier, il lui faut les ports, Anvers, Zeebrugge et Ostende ; et comme on ne peut savoir si l'Angleterre n'utiliserait pas encore quelque autre point de la côte belge, le plus sûr est, par précaution, d'occuper cette côte tout entière.

La vieille *Gazette de Cologne*, la Gazette tout court, *Kölnische Zeitung* (numéro du 2 décembre), tient, sous une autre forme, le même langage. Les colonies allemandes seront restituées et agrandies. L'Allemagne protégera toutes les petites nationalités qui lui prouveront leur dévouement, mais « cela ne veut naturellement pas dire qu'elle travaillera à ressusciter la Belgique, la Serbie et la Roumanie qui lui ont été hostiles ». La Belgique restera économiquement et militairement sous la main de l'Allemagne. Du territoire français on incorporera le bassin de Briey. Le plus piquant est que la *Gazette* prend des mines ingénues, affecte une prudente réserve : « Tant que la guerre n'est pas finie, dit-elle, toute discussion des conditions de la paix reste plus ou moins hypothétique ; le chancelier a eu raison de ne jamais vouloir préciser. » Elle ajoute ensuite pudiquement : « Nous ne savons pas ce que le gouvernement pense de notre programme. » « Notre programme » est admirable, et étonne en Allemagne même où l'on connaît les belles relations de la *Gazette de Cologne*. La *Gazette de la Croix* demande : « Devons-nous considérer cet ensemble de conditions de paix comme le reflet de la pensée du Gouvernement ? » A quoi il n'est répondu rien de clair, mais la question n'attendait pas de réponse, et, comme l'autre, la *Gazette de la Croix* fait le jeu.

Dans l'intraitable *Deutsche Tageszeitung*, M. de Reventlow se borne à répéter pour la centième fois que la possession de la côte belge est une condition *sine qua non* de la paix, afin de menacer l'Angleterre et de s'assurer la liberté des mers. Dans la *Gazette de Voss*, le professeur Schäfer estime que l'acquisition de Briey est une nécessité économique pour l'Allemagne ; mais qu'il serait également désirable de prendre Belfort, le versant occidental des Vosges, Toul, Verdun, un port sur les côtes de la Manche, et quelque autre chose par surcroît. La *Gazette du Rhin et de Wesphalie* affirme : « Notre ennemi est dans l'Ouest ; 90 p. 100 des Allemands sont persuadés à bon droit qu'il faut régler définitivement leur compte à l'Angleterre et à la France. Nous tenons notre épée plongée dans le ventre de l'adversaire ; il nous faut ou l'anéantir ou nous réconcilier avec lui. Une réconciliation avec l'Angleterre et la France est impossible ; pas de négociations, mais l'écrasement de ces deux peuples, et la voie ouverte jusqu'à la mer. Le vainqueur n'abandonne rien de ce qu'il a que contre compensation, et 5 milliards ne nous suffiront pas. C'est sur la France que nous nous dédommagerons ; chaque mètre carré de sol français que nous conquerrons désormais nous appartiendra. Quant à la Belgique, il va de soi qu'il nous faut Anvers et la côte belge. »

Voilà les morceaux destinés à la consommation intérieure ; il s'agit de rehausser ou de maintenir l'esprit public en Allemagne à un niveau assez élevé pour que l'on puisse, le cas échéant, proposer la paix allemande, une paix *ehrenvoll*, ce qui signifie non pas une paix honorable, mais une paix « pleine d'honneur », — l'honneur, encore une fois, étant entendu d'une certaine façon. Les plus sages, les plus raisonnables parlent d'annexer seulement le bassin de Briey ; c'est le minimum ; il n'y a pas de maximum ; et quant à rendre l'Alsace-Lorraine, personne n'y songe, ou l'on n'y songe que pour refuser. Mais, pour le dehors, on lance par les fenêtres d'autres morceaux, dans l'espérance qu'il se rencontre quelque passant qui les happe.

Il en est de plus durs, il en est de plus tendres, mais tous, en somme, sont conformes au type donné. On dit aux uns : « Que les neutres se mêlent de leurs affaires, ou, s'ils s'avisent de se mêler des nôtres, que ce soit dans le sens de nos intérêts et de nos désirs. Quiconque nous proposera sa médiation devra partir de l'acceptation expresse de cet axiome que la victoire nous appartient et ne saurait plus nous échapper. » Le comte Reventlow et M. Georges Bernhard repoussent nominativement la médiation américaine, que M. Scheidemann avait invoquée, cependant que M. de Bethmann-Hollweg en personne, dans une interview accordée au journaliste américain Hale, concilie la contradiction en annonçant que l'Allemagne, « quoique sûre de la victoire et disposée à lutter jusqu'au bout, n'en est pas moins à tout instant prête à négocier la paix ». Chez les neutres eux-mêmes, l'Allemagne affecte des airs de victime. Elle n'a pas voulu la guerre. On l'y a contrainte, tout un monde d'ennemis s'est conjuré contre elle. Maintenant encore, ou victorieuse, ou ayant fait la preuve qu'elle ne pouvait être vaincue, elle consent à offrir la paix. Elle, qu'on a eu l'injustice de prétendre accabler au nom du droit violé, d'essayer de mettre au ban de la civilisation, de rayer de l'humanité, elle ne demande qu'à entrer, pour la guider, dans la future société des nations. Mais le chef-d'œuvre de toute cette préparation de théâtre c'est d'avoir réussi à faire travailler, outre l'Allemagne et les neutres, l'opinion chez les belligérants, jusque dans les États de la Quadruple Entente. Aux environs du jour où le chancelier allait se présenter devant le Reichstag avec son dernier « chiffon de papier », certaines démarches étaient faites çà et là, certaines conversations étaient échangées, certaines motions étaient votées, certains partis étalaient aux regards les marques d'un don de divination étrange. « Nous devons, a fait observer, à ce sujet, le *Giornale d'Italia*, féliciter les députés socialistes de la preuve d'exquise sensibilité qu'ils viennent de nous donner ; comme certains animaux pour le tremblement de terre, eux et nos neutralistes, ils disposent évidemment d'un sixième sens qui leur permet d'annoncer à l'avance les décisions de l'Empire allemand, et de pressentir à distance, dans l'espace et dans le temps, les mouvements sismiques du gouvernement de Berlin. » A Berlin même, le 11 décembre, les journaux redisent une fois de plus, pour le dedans et pour le dehors, ce qu'ils ont dit tant de fois depuis trois semaines ; dans l'intervalle, la mobilisation civile a été décrétée ; tous les silencieux, Hindenburg, Mackensen, Ludendorff, Grœner, se sont répandus en effusions aussi concordantes qu'inaccoutumées ; une fois de plus, eux aussi, il ont, à la face de l'univers, célébré la puissance allemande, la victoire allemande et, comme de juste, l'invincibilité allemande. La scène est dressée, l'affiche posée, le décor en place, la troupe au complet, la salle faite, claque et cabale, parce qu'il faut qu'il y ait même des mécontents, — *oportet hæreses esse ;*

— la préparation est achevée; nous arrivons ici à l'exécution.

Le Reichstag avait été ajourné à long terme : subitement on le rappelle. Qu'est-ce à dire ? Qu'y a-t-il ? Un mot magique circule d'autant plus fort qu'on feint de le retenir : la paix. Autour de lui s'agrègent et se cristallisent toutes les douleurs et toutes les aspirations de la foule. Elle assiège, anxieuse, haletante, les portes du palais, empli pour elle d'un mystère sacré. Des gens de cour, des fonctionnaires, des officiers en uniforme ont pris d'assaut les galeries, s'entassent sur l'estrade même où se tiennent à l'ordinaire les membres du Conseil fédéral. L'attente se prolonge, les nerfs se tendent, on s'interroge ; enfin, M. de Bethmann-Hollweg paraît, il demande la parole. Il commence par un dithyrambe à la gloire de l'Allemagne en armes. La Roumanie, la Transylvanie, l'Orient, la Somme et le Carso défilent, et les batailles qui sont gagnées, et le ravitaillement qui est assuré. « Une direction géniale et des œuvres d'héroïsme inouïes, dit solennellement le chanceller, ont *créé des faits de bronze.* » Mais le cœur de l'Empereur, ce cœur intimement moral et religieux, souffre depuis plus de deux ans pour son peuple et pour tous les peuples. « C'est pourquoi Sa Majesté, en plein accord avec ses alliés, a pris la décision de proposer aux Puissances ennemies d'entrer en négociations de paix. » Derechef, au long de plusieurs paragraphes, M. de Bethmann-Hollweg verse en une série de sophismes historiques et philosophiques, panachés de rodomontades ; et ce serait toute la substance de ses déclarations, si, vers la fin, il n'eût glissé, incidemment et comme sans conviction, une vague promesse : « Les propositions de paix que les Puissances alliées apporteront dans ces négociations... » *Apporteront*, au futur. N'est-ce pas souligner que, quant à présent, elles n'apportent qu'une intention d'apporter ? Et nous ne leur demandons pas plus, puisque nous ne leur demandons même pas cela ; mais prenons bien ce qu'elles ont dit pour ce qu'elles ont dit, et non pour ce qu'elles diront. D'autant que ce que le chancelier ne nous a pas dit de la tribune du Reichstag, il ne nous l'a pas non plus fait dire.

Ce sont les Puissances chargées de la défense des intérêts allemands dans les pays ennemis qu'il a priées de transmettre sa note. Elles l'ont en effet transmise à ce titre, sans annexe, sans supplément, sans commentaire, comme on s'acquitte d'une commission par une simple lettre d'envoi. Mais, au bout de trois ou quatre jours, M. le Président Wilson, par coïncidence, — il a grand soin d'en témoigner, — saisit officiellement tous les gouvernements, belligérants et neutres, d'une autre note de son cru. Il jure qu'elle est de lui-même, de lui seul ; que l'inspiration est de lui, la rédaction de lui ; il revendique un droit d'antériorité, nie toute collusion ; et l'on peut l'en croire : c'est son esprit et c'est son style. Dégagée des circonlocutions inutiles qui sont le fond de la diplomatie classique, et des considérations, mi-humanitaires, mi-utilitaires, où elle s'attarde et se délaie un peu, la note américaine « suggère » (M. Wilson s'accroche à ce verbe) qu'« une occasion rapprochée soit recherchée pour demander à toutes les nations actuellement en guerre une déclaration publique de leurs vues respectives, quant aux conditions auxquelles la guerre pourrait être terminée et aux arrangements qui seraient considérés comme satisfaisants en tant que constituant des garanties contre le retour ou le déchaînement d'un conflit similaire dans l'avenir, de façon à pouvoir comparer ensemble en toute franchise leurs déclarations ». Cette traduction est bien lourde : il suffit qu'elle soit fidèle. M. Wilson est las d'en être « réduit à des conjectures », de ne pas mieux savoir « pour quel objet concret le conflit a été engagé ». Il en est las comme homme et comme président des États-Unis; mais ceux-là qui l'ont engagé, c'est auprès d'eux qu'il lui convient de se renseigner. S'il peut le leur faire confesser, nous serons tout les premiers fort aises de l'apprendre. « Un sondage », dit-il; sa note ne vise pas au delà. Pour nous, qui ne sommes ni ténèbres ni abîme, il ne sera pas difficile de nous sonder. Nos buts de guerre sont lumineux : des réparations, des restitutions, des garanties. Aveugle qui ne les voit point. Ennemi de lui-même et de son pays, de tous les hommes nés ou à naître, qui s'interposerait entre nous et ces « buts de guerre », lesquels ne sont que les fondements nécessaires d'une paix durable. Ennemi de la paix, qui hâterait une paix bâclée et boiteuse. Le Président Wilson en est très convaincu; et c'est pourquoi, insiste-t-il, « il ne propose pas la paix, il n'offre même pas une médiation ».

Il n'y a donc pas, de la part des États-Unis, ombre de médiation, s'il n'y a, de la part de l'Allemagne, qu'ombre de propositions de paix. Personne, en réalité, ne nous offre rien que de nous offrir, ou, pour être plus exact encore, l'Allemagne ne nous fait offrir que de lui demander. Notre conduite est par là même toute tracée. Là où il n'y a rien, le roi, l'Empereur lui-même perd ses droits, et son chancelier perd son temps. Quand on n'est en présence de rien, ne disons pas qu'on l'écarte par une fin de non-recevoir; car il n'y a pas lieu de recevoir ni d'écarter ce qui n'existe pas. Tout ce qu'on peut faire, c'est d'attendre que l'on soit mis en présence de quelque chose. C'est là, si j'ose employer cette image familière, comme l'amorce d'un entretien téléphonique : « Nous écoutons. — Mais non, parlez. — Pardon, c'est vous qui avez appelé. » Coupons tout de suite la communication. Si l'on tient à « causer », on nous rappellera.

Nous, nous ne bougerons pas, parce que la paix que nous voulons, ce n'est pas la paix allemande, c'est la nôtre et que l'heure ne nous en paraît pas encore venue. Il n'est, pour nous décider en pareille matière, que de nous représenter nettement notre situation et celle de l'ennemi. A l'acte du chancelier il y a naturellement des prétextes et des raisons. Comme prétextes, nous apercevons, sans peine, tous ceux qu'il a énumérés : l'Allemagne victorieuse, invincible, forte de tant de territoires conquis et de quatre royaumes abattus, tendue pour un suprême et exécrable effort, résolue à de surhumaines et inhumaines horreurs. Laissons pour compte à M. de Bethmann-Hollweg la piété de son Empereur et sa compassion envers le genre humain, qui ne sont que dérision. Un bon prétexte, c'est peut-être aussi le nouveau règne en Autriche-Hongrie, où la paix serait, aux mains de Charles Ier-Charles IV, un magnifique cadeau de joyeux avènement; où, de plus, elle lui permettrait, pourvu qu'il en soit temps encore, de desserrer l'étreinte et de s'évader de l'emprise allemande. Et voici les raisons, ou plutôt la grande raison, en laquelle elles se résument toutes. C'est la situation réelle, la vraie situation économique et politique de l'Empire allemand et des autres États de la Quadruple Alliance. De cette situation, nous ne savons pas tout, mais il y a tout de même des choses que nous savons. Nous savons que la gêne s'est accrue jusqu'à atteindre la misère ; que, pour les plus riches, c'est devenu un problème de vivre; et que les prix qu'on publie sont purement théoriques, puisque les denrées manquent et qu'on n'en peut trouver à n'importe quel prix. Seulement, pour avoir cru trop vite que l'Allemagne souffrait de la faim, quand ce n'était pas vrai, maintenant que c'est vrai, nous ne le croyons plus assez. Nous savons que l'opinion s'affaisse ou s'irrite, et que la mobilisation civile est ainsi, contre des révoltes éventuelles, une sorte d'état de siège renforcé, qui place tout le peuple allemand, hommes et femmes, sous le régime de la dictature intensive. Militairement même, nous savons que, s'il est certain que l'Allemagne occupe de vastes territoires et foule aux pieds quatre petits États, il ne l'est pas moins que les quatre grands États de la Quadruple Entente sont debout, dans des conditions qui supportent la comparaison avec celles de l'Europe centrale. La politique de l'Allemagne et de l'Autriche en Pologne est le signe visible que la question des effectifs se pose instamment pour elles. Leur supériorité en matériel, artillerie et munitions, s'est atténuée, s'efface, tend à se renverser. Quant à la guerre sous-marine et à la guerre aérienne, dont l'Allemagne agite l'épouvantail, elle aura beau les exaspérer, l'une ne produira jamais plus que des effets étroitement localisés, et jamais l'autre ne rétablira, entre la Quadruple Alliance et la Quadruple Entente, l'équilibre des privations, de l'usure et du dépérissement. Au total, nous savons que l'Allemagne n'est pas encore à bout de souffle, mais, l'oreille collée à sa poitrine dans le corps à corps où nous sommes engagés, nous entendons les premiers râles ; ce n'est pas le moment de lâcher ni de nous relâcher. Attention ! nous crie-t-on, l'Allemand va se faire féroce. Quoi donc ? Peut-il se faire Allemand et demi ?

Mais si nous nous trompons, si l'heure est venue où l'Allemagne se sent obligée de consentir à la seule paix possible, celle qui fera que le sacrifice de toute une génération aura servi du moins à en libérer d'autres, et que nos enfants ne vivront pas la vie précaire et semée d'alarmes que nous avons vécue; nous ne disons pas : si elle se repent, si elle s'humilie, mais si elle avoue, si elle reconnaît l'échec de sa criminelle aventure, qu'elle le dise; après avoir offert de parler, qu'elle parle. Tout ce que nous avons à dire, c'est que les rôles ne sauraient être intervertis, et qu'on ne nous fera pas faire figure de demandeurs. On ne nous traînera pas à la paix en vaincus et en suppliants. Nous avons mis au jeu trop de nous-mêmes pour que nous puissions chercher la paix ailleurs que dans la victoire, et les ministres de tous les États de l'Entente partagent trop ce sentiment pour ne pas l'avoir, chacun à sa manière, parfaitement rendu : le président du Conseil russe et le ministre des Affaires étrangères à la Douma d'Empire, avant même que M. de Bethmann-Hollweg eût envoyé sa note, et pour couper court aux machinations de paix séparée; M. Lloyd George, soutenu par M. Asquith, à la Chambre des Communes; M. Aristide Briand, chez nous, à la Chambre et au Sénat; M. Sonnino, à la Chambre italienne, dans un discours qui mérite de demeurer comme un modèle, et, ce qui vaudrait mieux, d'être pris pour règle. Leur réponse écrite ne peut sûrement pas dévier d'une ligne de leurs premières déclarations : les quatre Puissances se tairont, écouteront, parleront toutes ensemble. Tant qu'on ne fait que les inviter à une conversation *in generalibus*, elles n'ont qu'à passer : si des précisions suivent, elles se concerteront et, toutes ensemble, exprimeront, dans un document commun, une résolution sur le fond de laquelle elles sont préalablement et invariablement d'accord. Là encore, il y aura unité d'action sur un front unique. La manœuvre diplomatique allemande, comme la manœuvre stratégique, est manquée.

Notre nouvelle victoire, sous Verdun, est arrivée, même, à cet égard, merveilleusement à point : riposte incontestable, devant nos alliés et devant les neutres, aux succès de Mackensen et de Falkenhayn en Valachie. Que nous ayons, sur dix kilomètres de front, regagné trois kilomètres de profondeur, ramenant nos lignes à 1.500 mètres, par endroits, des points par où elles passaient avant le 21 février; que nous ayons fait 11.000 prisonniers et enlevé au kronprinz 115 canons, 44 obusiers, plus de 100 mitrailleuses ; que nous ayons donné à la ville un peu plus d'air et que nous soyons redescendus dans la plaine vers Bezonvaux ; ces résultats ne sont pas négligeables en eux-mêmes ; ils ne le sont pas à Verdun ; ils ne le sont pas pour la France ; mais bien plus : dans la circonstance, l'événement prend, pour l'Entente tout entière, une valeur considérable. Le général Mangin n'a dit rien de trop, dans son ordre du jour, en disant à ses soldats : « Aux hypocrites ouvertures de l'Allemagne la France a répondu par la gueule de vos canons et par la pointe de vos baïonnettes. Vous avez été les bons ambassadeurs de la République : elle vous remercie. »

Comme s'il n'eût fallu que ce coup de pouce pour rétablir la balance du Destin, il semble qu'en Roumanie la situation se raffermisse et se stabilise. En Macédoine, elle est stagnante. En Grèce, elle reste obscure et trouble. Si près de la minute où tombera dans l'histoire la troisième année, et où montera vers l'histoire la quatrième année de cette série fatale, mais si grande que la pareille ne s'était jamais vue, lorsqu'on se recueille, les motifs d'espérer, de croire et d'agir l'emportent infiniment sur ceux d'hésiter et de douter. Pourtant, nous ne mesurerons bien notre force que si nous mesurons aussi notre faiblesse. Le point faible de l'Entente, en face de l'Empire allemand, maître de l'Europe centrale et disposant d'elle comme de l'Allemagne même, n'est ni dans l'armée, ni dans la nation, ni désormais dans le commandement : il est dans le gouvernement. Qui que ce soit, et quel qu'il soit, mais un gouvernement. Le meilleur est celui qui existe, à la condition qu'il gouverne. Tout changement de personnes étant un désordre, il s'agit, non d'en changer, mais de les changer. Ce ne sont plus les partis qu'il faut servir et satisfaire, ce ne sont plus nos amis qu'il faut aimer : c'est la patrie.

II

15 janvier.

LE « SONDAGE » DE M. WILSON. — L'OPINION AUX ÉTATS-UNIS. — LA MOTION DU PARTI SOCIALISTE ITALIEN. — PSYCHOLOGIE DU PRÉSIDENT AMÉRICAIN. — QUI AGITE ET POUSSE LES NEUTRES ? — LA NOTE DU GOUVERNEMENT HELVÉTIQUE. — LES SCANDINAVES, LE PAPE ET L'ESPAGNE. — LA RÉPONSE DE L'ENTENTE. — LA CONFÉRENCE DE ROME.

Dans notre chronique du 1er janvier, la quinzaine se trouvant chargée de deux fêtes chômées coup sur coup, nous avons dû laisser les choses au moment où le Président Wilson venait d'adresser aux belligérants la note par laquelle, sans leur proposer de traiter tout de suite, ni leur offrir sa médiation, il déclarait vouloir pratiquer, en leurs prétentions et leurs intentions, « un sondage », pour savoir à quelle distance le monde, ballotté depuis trois ans par une tourmente comme il n'en avait jamais vu, pouvait bien être encore du « hâvre de la paix ». M. Woodrow Wilson ne disait rien de plus, si, vraisemblablement, il en pensait davantage, et c'était peut-être en dire trop ou trop peu. Le premier effet produit fut donc d'étonnement ; on lut la note, on la relut, elle ne parut pas très claire. Ceux qui eurent la bonne fortune d'en connaître le texte même s'accordèrent à vanter les mérites du style : nous qui n'eûmes en mains qu'une traduction imparfaite, nous ne fûmes pas mis en état d'en juger. Il nous fallut chercher, de paragraphe en paragraphe, dans le détour des phrases, le sens, du moins le sens profond, qui s'obstinait à ne pas se découvrir. L'accueil que reçut le document, quel que fût le respect qui s'attache à la dignité et à la personne même de M. Wilson, s'en ressentit d'abord ; pour rendre d'un mot l'impression, on ne comprit pas. Chez nous, dans le camp de l'Entente, les esprits enclins au soupçon ne furent pas loin d'y apercevoir comme un obscur dessein de « faire le jeu » des Empires du Centre ; et vainement on leur opposait que la note présidentielle avait, en Allemagne même et dans le même instant, « une mauvaise presse » ; que, là-bas, de nombreux et importants journaux exhalaient un dépit furieux, retournant précisément l'accusation de partialité : « Il n'était pas permis d'étaler avec ce sans-gêne la connivence secrète des États-Unis et de l'Angleterre ! » Colère feinte, répondait-on ; indignation de théâtre ; jeux classiques d'un art enfantin. Cela aussi était prévu et arrangé ; cela aussi était écrit dans la partition. Ainsi que l'avocat dont les plaidoiries étaient trop soigneusement préparées, le chancelier avait d'avance noté, en marge de ses instructions : « Ici, s'indigner. » Volontairement ou non, on se trompait d'un côté et de l'autre. Pour restituer à la note de M. Wilson son caractère et en marquer plus exactement la portée, il est bon de la replacer, à présent qu'on a le recul suffisant, au milieu des circonstances mêmes qui en ont entouré la publication.

En premier lieu, si l'on avait été plus attentif, et si l'on avait mieux observé les faits quotidiens, on aurait été moins surpris. Dès le lendemain du discours prononcé par M. de Bethmann-Hollweg, au Reichstag impérial, sur « la nécessité de rendre impossible le retour d'une pareille guerre », c'est-à-dire dès le 9 novembre, une « vigoureuse campagne pacifiste », une « campagne pacifiste remarquablement active », s'était ouverte aux États-Unis. Diverses associations, de tendance germanophile, invitent dès lors le Président à offrir sa médiation. Le *New-York American* du 16 novembre voudrait même qu'il l'imposât, par cette raison que « la guerre, inutilement prolongée, nuit aux intérêts des neutres autant qu'à ceux de l'humanité. Pour défendre les uns et les autres, et mettre fin à cette tuerie insensée, les neutres ne devraient pas hésiter à recourir à la menace et, au besoin même, à la force ». Le *New-York Times* lui-même commence, sous la signature symbolique de *Cosmos*, une série d'articles dont le titre commun est : « Tous désirent la paix ; pourquoi ne pas la faire dès maintenant ? » et dont le thème général, contraire au point de vue allemand, se résume en ceci : « L'Allemagne est battue ; elle n'a plus l'espoir d'atteindre aucun des buts pour lesquels elle est partie en guerre ; la victoire, dont les Alliés font une condition de leur consentement à négocier, leur appartient dès aujourd'hui. L'heure de causer semble venue. » Ces articles paraissent du 15 au 25 novembre : le 27, leur titre, un peu modifié, devient : « Tous désirent la paix : quelles en doivent être les bases ? » La position de l'Entente, que la paix est impossible tant que les crimes allemands ne seront pas punis ni le militarisme allemand abattu, est d'ailleurs tenue fortement par le *World*, le *Sun*, la *New-York Tribune*, le *Brooklyn Eagle*, le *Springfield Republican*, le *Public Ledger*. En revanche, les progermains ont hâte d'exploiter les succès acquis ou imminents de Falkenhayn et de Mackensen en Roumanie : ils tremblent de manquer cette occasion favorable à la paix allemande, car qui sait si ce ne sera pas la dernière ? Entre les partis opposés, les pacifistes, les neutralistes désintéressés et sincères, haussent les épaules : puisque désormais il est établi, — et ce point pour eux ne fait plus de doute, — qu'il ne peut plus y avoir de victoire décisive, ni pour l'Entente, ni pour les Empires du Centre, c'est la pire des folies et le pire des forfaits de poursuivre sans profit l'inutile boucherie. Neutralistes, ils ne poussent pas le Président à une intervention inopportune ; mais, pacifistes, ils ne le décourageraient pas, s'il croyait opportun d'intervenir. Tel est, à la fin de novembre et au début de décembre, le partage de l'opinion américaine sur la question de la guerre ou de la paix, que l'hypothèse fort plausible d'un redoublement de la campagne sous-marine rend pour elle de plus en plus brûlante ; telle est l'atmosphère, l'ambiance dans laquelle vont tomber, le 12 décembre, le nouveau discours du Chancelier au Reichstag allemand, et la note des quatre gouvernements alliés à leurs adversaires et aux neutres, tout cet ensemble de déclarations officielles, de conversations officieuses et d'insinuations dirigées ou autorisées, qui constitue ce qu'ils ne craindront pas d'appeler leurs « ouvertures » ou même leurs « propositions » en vue de parvenir au prompt rétablissement de la paix.

L'intervention, sous une forme quelconque et dans une mesure quelconque, du Président Wilson n'apparaissait pas en somme, à la fin de novembre et au commencement de décembre, comme improbable. Elle était recherchée, souhaitée, appelée, sinon annoncée, en dehors des États-Unis, en Europe même. Où et par qui? Ouvertement, et dans plusieurs pays belligérants, par le parti socialiste ; pour être absolument juste, par certaines fractions du parti socialiste dans certains pays. En Italie, aux tout premiers jours de décembre, avant le discours de M. de Bethmann-Hollweg, — nous avons déjà signalé le fait, mais il vaut qu'on y revienne, — le parti socialiste officiel, correspondant de notre parti socialiste unifié, avait présenté à la Chambre la motion suivante : « La Chambre invite le Gouvernement à se faire auprès des gouvernements alliés l'interprète autorisé de l'urgente nécessité de provoquer, *par la médiation de la*

Confédération nord-américaine et des Etats neutres, la convocation d'un Congrès de représentants plénipotentiaires des États belligérants, avec le mandat, les hostilités étant suspendues, d'établir, à la lumière de principes proclamés d'un commun accord, les objectifs et les revendications concrètes des parties en litige pour une prochaine solution du conflit et pour le salut de l'Europe. » Jetons le papier doré qui enveloppe la pilule, le respect du droit des gens, la sauvegarde des petits États, la garantie future de la paix par la future Société des nations; il reste le dur noyau qu'on prétend nous faire avaler : la convocation, sur un signe de l'Allemagne, par la médiation de la Confédération américaine et des États neutres, d'un Congrès chargé de « réaliser », à l'heure de l'Allemagne, les « buts de guerre » allemands. De fait, la motion du Parti socialiste officiel italien était identique à celle qu'une fraction du Parti socialiste allemand avait présentée au Reichstag, et nous ne croyons pas trahir un secret en ajoutant qu'elle fut sans retard communiquée à quelques-uns au moins des membres du Parti socialiste français, dont la majorité, par bonheur, refusa de se prêter, consciemment, à servir M. de Bethmann-Hollweg.

Chez les neutres, également, chez les autres neutres, l'intervention de M. Woodrow Wilson n'eût pas dû être inattendue. Nous avons appris, depuis lors, par un témoignage authentique, qu'une démarche de ce genre avait, depuis quelques semaines, fait l'objet de conversations entre la Maison-Blanche ou le département d'État à Washington et le Conseil fédéral suisse. L'idée pouvait, à coup sûr, leur en être venue spontanément, sous l'aiguillon de la souffrance qui les étreint et des dangers qui les menacent, car il est certain que les neutres aussi souffrent de la guerre, et que des maux de jour en jour plus graves les menacent. Si c'était le temps de philosopher, il y aurait là une belle matière à développer pour faire voir que l'axiome posé par les maîtres de la politique, théoriciens et hommes d'action, se vérifie une fois de plus, et qu'il est non seulement très difficile, mais très coûteux et très pénible de demeurer neutre, surtout dans une lutte démesurée comme celle-ci, qui met aux prises, directement ou indirectement, plus de la moitié de la population du globe. Mais tirons-nous d'affaire ; nous ferons, après, notre harangue. Les neutres, eux, désirent, et cela se conçoit, n'être pas, bon gré mal gré, impliqués dans l'affaire, et n'en être gênés ou n'en être touchés que le moins possible, le moins longtemps possible. Peut-être ont-ils encore, tant qu'ils n'ont vu que les avantages, désiré par surcroît autre chose de plus positif; et, pour leur en vouloir, pour le leur reprocher, il faudrait n'être pas homme et qu'ils ne fussent pas des hommes. Mais les années même ont passé : on entrevoit le *damnum emergens*, derrière le *lucrum cessans*. La nation, au total, a profité, s'est enrichie énormément; tout le monde, pourtant, n'y a point gagné, tout le monde ne s'est pas enrichi dans la nation; du reste, qu'il y ait trop d'or peut faire, par contrecoup, qu'il y ait moins de bien-être, puisque les denrées renchérissent pendant que le pouvoir de l'or s'avilit ; qu'il y ait trop de riches, et de trop riches, peut faire qu'il y ait plus de pauvres, plus pauvres. Lors donc que le Conseil fédéral helvétique s'est discrètement abouché avec le Président Wilson, pratiquant de la sorte le premier « sondage, » il a trouvé le terrain propice. La personne même, la personnalité de M. Wilson, juriste, pacifiste, puritain, démocrate, Américain par-dessus tout, ne pouvait manquer de le rendre favorable. De plus, il a eu, comme professeur, trop d'accointances avec l'histoire, pour ne pas aspirer, Président de la plus puissante République du monde, à nouer avec elle, comme homme d'État, une plus étroite intimité. Il lui semble, légitimement, que ses études et ses aptitudes le désignent pour un tel rôle, dans une telle conjoncture ; et qui sera qualifié pour reconnaître, dégager, restaurer ou instaurer le droit, si ce n'est ceux dont la vie s'honore de l'avoir enseigné ? Le Président Wilson feindrait en vain de ne point le sentir. Mais il est trop en vue, sa notoriété est trop grande, comme professeur et comme Président, pour qu'il puisse être le seul à le savoir ; on le sait, aussi bien qu'en Amérique même, en Allemagne où l'on sait tout, et où l'on ne néglige rien. Lorsque M. Woodrow Wilson prenait soin de nous avertir que si, à six jours près, six jours après, le 18 décembre au lieu du 12, sa note arrivait en même temps que celle des Empires du Centre, c'était pure coïncidence, il n'y avait qu'à l'en croire, car il disait la vérité telle qu'il la connaissait, — et il est incapable de ne pas la dire ; — mais il pouvait ne point connaître toute la vérité, même en ce qui concerne les mobiles, lointains et secrets, de ses propres mouvements. C'est bien vrai : voilà des semaines qu'il méditait cette note, il avait failli l'envoyer dès la première semaine de décembre ; on a précisé tout à fait, on a dit le 8 décembre, parce que, ce jour-là, plus particulièrement, un vent d'inquiétude avait soufflé à travers l'Atlantique. L'initiative de M. de Bethmann-Hollweg, loin de la hâter, n'avait fait que la retarder. Mais réfléchissons. D'où soufflait le mauvais vent ? De Berlin. Que soufflait-il ? La reprise impitoyable de la guerre sous-marine, avec des engins d'une puissance maléfique encore ignorée, dont le *Deutschland* était venu montrer, par deux fois, aux États-Unis, un pâle, mais suggestif échantillon. Et qui le soufflait ? Tous les Éoles, tous les Borées, tous les Aquilons à lunettes et jadis pansus qui ont leurs cavernes dans les bureaux de la Wilhelmstrasse. Comment oublier que l'affaire de la *Lusitania* n'est pas réglée, et que la neuvième note de M. Wilson au Chancelier impérial, la note d'avril 1916, exigeait de l'Allemagne des promesses qui furent faites, des engagements qui furent pris et qui ne pourraient être éludés, sans qu'une tache en rejaillît jusqu'aux étoiles du pavillon américain ? Aussi la dernière note du Président, la note du 18 décembre, qui s'adressait aux belligérants et aux neutres, eût-elle été plus intelligible pour nous, si d'abord on l'eût rapprochée en pensée de la précédente, si ensuite on ne l'eût pas séparée du commentaire du secrétaire d'État, M. Lansing. M. Lansing avait comme laissé échapper ces mots terribles : « Nous sommes au bord de la guerre » ; puis, aussitôt, il s'était baissé pour les rattraper ; mais on ne rattrape jamais plus les mots qui se sont échappés. De l'explication, ou plutôt des deux explications successives, presque concomitantes, mais contradictoires, du secrétaire d'État de M. Wilson, c'est justice et prudence de retenir même et surtout ce qu'il en a voulu reprendre. Mais une question en découle, nécessaire et pressante : Qui donc, et qu'est-ce qui mettait ainsi les États-Unis « au bord de la guerre ? » Et ce chemin encore, comme tous les chemins de la perfidie et de la violence, mène à Berlin. Mais le reste des neutres, les petits neutres, autour du plus grand d'entre eux, qui les sollicite, qui les agite dans le même instant, pour les pousser dans le même sens, vers le même acte ? Qui continuera, après le 12 décembre, après le 18 décembre, à annoncer leur intervention ; qui s'obstinera à leur faire faire ce pas, en répandant partout la fausse nouvelle qu'ils l'ont fait ? Et, le coup manqué, ce coup qu'au pays de Machiavel on a qualifié de « méphistophélique », qui s'est efforcé de le rejeter sur d'autres, qui s'est enfui, en criant, selon la coutume, au voleur ? Qui donc a dit : « C'est l'Angleterre ? » — L'Allemagne, l'Empereur allemand, le Chancelier allemand, la diplomatie allemande, la presse allemande. De l'autre côté de l'Océan, M. Wilson a cru d'une foi parfaite agir, il a agi, en volonté, librement et spontanément ; néanmoins, il était « agi » sans s'en douter : de l'autre côté de l'Océan comme de celui-ci, l'Allemagne avait sournoisement, infernalement travaillé à créer le milieu qu'il lui fallait, dans le moment où il le lui fallait.

Le jour cru, le franc soleil a eu vite fait de dissiper les prestiges de cette espèce de « Nuit du Walpurgis » diplomatique. A partir du 18 décembre, et jusqu'à la réponse de l'Entente à la note des Impériaux, la note américaine a déroulé logiquement ses conséquences, qui, elles aussi, étaient conditionnées, commandées par les circonstances, par le milieu et le moment. Le 22 décembre, à son tour, le Conseil fédéral suisse faisait remettre aux gouvernements des États belligérants une note, corollaire, en quelque sorte, de celle du Président Wilson, avec lequel il déclarait s'être « mis en rapport il y a déjà cinq semaines », — soit vers le 15 novembre. — Un si noble souci (le souci de savoir si l'humanité peut espérer se rapprocher aujourd'hui d'une paix bienfaisante) devait éveiller en Suisse un écho profond : « Fidèle au devoir que lui impose l'observation la plus stricte de la neutralité, liée en même temps d'amitié avec les deux groupes de Puissances actuellement en guerre, isolée au centre de l'épouvantable mêlée des peuples, gravement menacée et atteinte dans ses intérêts, moraux et matériels, la Suisse aspire à la paix. » Comme les États-Unis, par conséquent pour les mêmes raisons, et pour d'autres, plus particulières, elle était « disposée à jeter les fondements d'une collaboration féconde entre les peuples. Elle s'estimerait heureuse de pouvoir, même dans la plus modeste mesure, travailler au rapprochement des nations en guerre et à l'établissement d'une paix durable ». Sur quoi il y aurait à remarquer : d'abord, que, par cette dernière phrase, la note du Conseil fédéral allait peut-être un peu plus loin que la note de M. Wilson lui-même ; et puis qu'être « disposée à jeter les fondements d'une collaboration féconde entre les peuples » part d'un bon sentiment, mais suppose des garanties et, au préalable, des restitutions, des réparations, des sanctions, qui ne se règlent pas par prétérition ; et puis, que se dire, en vertu même du devoir qu'impose la plus stricte observation de la neutralité, « liée en même temps d'amitié avec les deux groupes de Puissances actuellement en guerre », quand un de ces deux groupes a à sa tête l'Allemagne qui a traité comme l'on sait la neutralité belge, c'est pratiquer une impartialité qui, à force de vouloir rester aveugle, sourde et muette, risque de devenir ou immorale ou amorale ; et puis enfin, que rappeler, avec le Président Wilson, qu'il est « désirable de conclure des accords internationaux en vue d'éviter *d'une façon durable et sûre* des catastrophes comme celle d'aujourd'hui », c'est encore d'un bon sentiment, mais c'est un beau moyen, tant que la défaite n'aura pas changé et que le châtiment n'aura pas retrempé l'âme de l'Allemagne : voyez Belgique et « chiffons de papier ! » Mais que la Suisse « aspire à la paix », rien de plus naturel; qu'elle soit « gravement menacée et atteinte par la guerre dans ses intérêts moraux et matériels », rien de plus vrai ; qu'elle souffre de cette « épouvantable » guerre plus qu'aucun autre État, rien de plus sûr, puisqu'elle est le seul État neutre qui soit complètement entouré de belligérants et qui n'ait aucun accès à la mer. Au reste, elle nous a donné, « dans son amitié avec les deux groupes » en conflit, une telle part, ne fût-ce que par sa sollicitude pour nos blessés, nos malades et nos prisonniers, que nulle parole, venant d'elle, ne saurait nous paraître « inamicale ».

De même, les États scandinaves, les gouvernements danois, norvégien et suédois ont, le 29 décembre, officiellement « adhéré à la note du Président Wilson sur les mesures propres à faciliter une paix durable », déclarant « qu'ils regarderaient comme une défaillance aux devoirs envers leurs peuples et envers toute l'humanité, s'ils n'exprimaient pas leur sympathie la plus vive pour tous les efforts de nature à contribuer à mettre fin aux souffrances, aux pertes morales et matérielles qui sont la conséquence toujours croissante de la guerre ». Et ce sont toujours de nobles sentiments, mais il est remarquable que l'expression en devienne de plus en plus platonique, et que le ton, à mesure que l'on avance, aille *decrescendo*. Le

Souverain Pontife lui-même, parlant, le jour de Noël, au Consistoire des cardinaux, n'a dit de la paix, en général, que ce qu'il ne lui était pas permis de n'en pas dire en un tel lieu, dans un tel jour, non plus qu'il ne serait permis à un prédicateur, parlant de la charité, de ne pas dire qu'il faut la faire.

Ensuite sont venues les excuses. Le 30 décembre, le Gouvernement espagnol, répondant, après réflexion, à la note de M. Wilson, a déclaré formellement : « Le Gouvernement de Sa Majesté estime que le Président de la République nord-américaine ayant pris cette initiative, et l'impression diverse qu'elle a produite étant déjà connue, la démarche à laquelle les États-Unis invitent l'Espagne n'aurait aucune efficacité, d'autant plus que les Empires centraux ont déjà exprimé leur ferme intention que les conditions de paix soient concertées entre les seules Puissances belligérantes. »

« Sans se refuser à toute négociation ou accord destiné à faciliter l'œuvre humanitaire qui mettra fin à la guerre actuelle », l'Espagne est résolue « à laisser en suspens son action et à la réserver pour le moment où les efforts de tous ceux qui désirent la paix pourront avoir plus d'utilité et d'efficacité que maintenant et où une intervention sera susceptible de donner de bons résultats ». A la lecture de cette note si ferme et si fière le vieux sang latin s'est reconnu ; il y a retrouvé la trace d'une âme, la marque d'une culture, l'accent que seule peut donner une longue tradition ; si c'est de l'orgueil, que nos alliés nous le pardonnent : nous ne voulons nous en prévaloir que pour mieux servir la cause commune. L'Espagne a d'ailleurs appuyé sa réponse au gouvernement américain par une protestation contre les préjudices que cause aux Etats neutres l'usage sans merci du sous-marin et de la torpille ; et là-dessus, sur la corrélation de ces deux actes, il ne serait peut-être pas si téméraire de fonder une induction. Mais nous voulons nous en tenir au fait acquis. C'est, d'autre part, un fait acquis que le gouvernement hollandais, pour ce qui est de la guerre sous-marine, a adopté la même attitude que le gouvernement espagnol, et que, pour ce qui est d'une intervention des neutres dans les ouvertures de paix, ou tout bonnement d'une adhésion à la démarche de M. Wilson, il a gardé, malgré des pressions à peine dissimulées, la plus éloquente des réserves, celle qui ne s'exprime que par le silence.

Et l'Allemagne même ? Elle avait d'abord joué le mécontentement, la mauvaise humeur ; pour un peu, elle eût demandé de quoi se mêlait M. Wilson, ce compère ou cet instrument de l'Angleterre? La presse la mieux stylée avait jeté feu et flamme: déranger si maladroitement les affaires de l'Empire, qui allaient si bien ! En vingt-quatre heures, tout s'est apaisé, tout a changé. La réponse allemande n'a plus eu pour le Président des États-Unis que des compliments, des remerciements et des sourires. Mais c'est uniquement pour l'attirer où l'Allemagne voulait en venir, non pour le suivre où il voulait aller ; c'est une réponse qui ne lui répondait rien.

En voici toute la substance : « Le Président, remarquait-elle, souligne ce qui lui tient à cœur en laissant le libre choix des moyens. Un échange immédiat de vues semble au gouvernement impérial être le moyen approprié pour arriver au résultat désiré. Il offre donc... de proposer la réunion immédiate des délégués des États belligérants, dans un endroit neutre..... » Relisons maintenant la motion des socialistes italiens, conforme à la motion de leurs camarades allemands, et admirons la constance de l'Allemagne dans ses plans et dans ses fins. Il va sans dire que, chacune selon son talent, l'Autriche-Hongrie, la Turquie et la Bulgarie ont répété, sous le même angle, le même geste avec plus ou moins de grâce. L'Autriche, en particulier, qui, depuis des siècles, cultive le protocole et perfectionne le cérémonial, a fort galamment salué.

Tant que la réponse écrite de l'Entente n'était pas connue, — et elle a paru mettre quelque lenteur à la rédiger, — les choristes impériaux ont chanté leur plus suave musique. A Washington, l'ambassadeur allemand, le comte Bernstorff, débordait de confiance ; à Berlin même, le nouveau sous-secrétaire d'État aux Affaires étrangères, M. von den Bussche, entonnait à pleine voix : « Le passé est le passé. Oublions le passé ! » Or, M. von den Bussche aurait d'excellentes raisons pour que le passé fût oublié. N'est-ce pas lui qui était ministre à Bucarest quand on enterra, dans le jardin de la Légation, pour les déterrer au besoin, plusieurs centaines de caisses remplies les unes d'explosifs et les autres de microbes, résumé synthétique de la culture allemande ? Oublions le passé ! Oublions la Belgique, Louvain, Reims, les assassinats, les incendies, les enrôlements forcés, les déportations, les attentats au droit des gens, les crimes contre le droit commun ! Tournons-nous sans rancune vers l'avenir, en le faisant partir du présent, tel qu'il est dessiné sur notre « carte de guerre ». Quand l'Allemagne aura tout ce qu'elle veut, elle sera généreuse, et pardonnera volontiers à ceux qu'elle aura dépouillés. Sinon (et l'Allemagne impériale montrait l'autre côté de son visage), nous lâcherons sur l'univers un flot d'horreurs. Ainsi concluent, on l'avait deviné, Guillaume II et Charles Ier, qui, pour le jour du règlement de comptes, se ménagent une manière d'alibi, et dont les peuples ont grand besoin d'être à la fois endormis et remontés.

Déjà les souverains et les ministres de l'Entente avaient, par des manifestes et des discours, signifié leur volonté qu'il n'y eût de paix que la paix : une paix réparatrice, rétributrice, exemplaire : la seule paix équitable et durable. Le Tsar, le roi d'Angleterre, le roi de Roumanie, MM. Trépoff et et Pokrowsky, M. Lloyd George, M. Briand, M. Sonnino. C'était net et catégorique. C'était identique et unique dans le fond et dans la forme. Par ce qu'ils avaient dit, il était aisé de préjuger de ce qu'ils écriraient. Mais, jusqu'à l'extrême limite, l'Allemagne a affecté de n'y voir qu'une attitude, une « pose », un « *bluff* ». Ils ont donc écrit, et ils ont très bien fait d'écrire, car ils ont très bien écrit.

Cette réponse de l'Entente à l'Allemagne a été publiée, commentée, discutée par les journaux ; nous n'insisterons pas ; nous viendrions trop tard. Nous tenons pourtant à lui rendre notre tribut d'éloges. Il ne lui manque, pour être digne des meilleurs modèles, qu'une composition un peu plus serrée. En réalité, elle contient deux notes en une ; mais il est bon que la réponse commence et finisse par la Belgique qui est évidemment le point initial et final, le point capital ou central du débat. Il est bon, il est excellent que la réponse soit adressée au nom des Dix Puissances de l'Entente, et qu'elles y soient toutes énumérées, et que l'ordre alphabétique les présente si heureusement, et qu'il n'y ait pour les Dix qu'une seule et même réponse. L'Europe centrale avait pris garde de ne pas procéder ainsi : il y avait eu une note allemande, une note autrichienne, et même, puisque Dieu l'a voulu, une note turque et une note bulgare. Diviser pour abattre : le piège était un peu grossier. Mais dix réponses, même concordantes, même identiques, dix copies de la même réponse n'eussent pas eu la force d'une seule. Il est bon encore, il est excellent que la Décuple Entente ait mis les choses dans leur vrai jour, en déchirant le voile de ce double mensonge, de cette double équivoque : les Empires du Centre n'ont point voulu la guerre ; les Empires du Centre sont d'ores et déjà, et définitivement, vainqueurs. Il est excellent que l'Entente se soit attachée à un programme, à une formule qui sont les siens moins encore qu'ils ne sont le programme même et la formule même du droit, qui confondent et absorbent sa cause dans les termes, comme elle est confondue et absorbée dans le fait, avec la cause même de toutes les nations, belligérantes ou neutres, avec la cause même de l'humanité. Enfin, il est à merveille que ce que la Décuple Entente avait à dire, elle l'ait dit sans ambages, qu'elle ait bravement appelé le mal un mal et le militarisme prussien un brigandage. M. Wilson, qui est l'homme des livres et qui aime les textes, en a maintenant un sur lequel il n'y aura pas à épiloguer. L'Allemagne, elle-même, n'épilogue plus. Elle a été, sous le coup de cet arrêt, secouée de deux frissons, fureur et amertume, et peut-être aussi d'un troisième qu'elle réprime de toute son énergie, anxiété ou angoisse. Elle vaticine au monde des catastrophes. Peut-être, dans un suprême sursaut, les prépare-t-elle. C'est le moment de nous faire un cœur impavide, un front impassible, des nerfs insensibles.

Bien des bruits ont couru sur une violation possible de la neutralité suisse. Nous nous bornerons à noter que le président en exercice de la Confédération, M. Schulthess, un de ses anciens présidents, M. Motta, le chef du département fédéral des Affaires extérieures, M. Hoffmann, ont, depuis quinze jours, parlé beaucoup plus qu'il n'est dans leurs habitudes, et qu'ils n'ont pas perdu une occasion de rappeler que la Suisse défendrait à outrance contre toute agression sa neutralité qui engage sa vie et son honneur. Que de points encore il nous faudrait toucher pour que cette chronique fût complète, pour que rien n'y fût sacrifié ou négligé ! Que d'observations nous pourrions faire! que de maximes, peut-être, nous en pourrions tirer! Mais il faudrait nous condamner à une énumération toute sèche, réduire les faits à leur squelette, les décharner et les vider! De si grands événements sont trop grands et font craquer tous nos cadres. Au point de vue politique, la Grèce et son roi Constantin sont plus que jamais pleins de précipices. Sur l'ultimatum, à report, des Puissances protectrices, nous eussions, en tout cas, préféré nous taire. Nous ne nous plaindrions pas que la main fût gantée, si, sous le gant, on sentait la main. Le malheur serait qu'il n'y eût qu'un de ces gants, tout frais ôtés, qui moulent en apparence l'épaisseur de la main, et qu'une chiquenaude dégonfle. Des paroles sévères ont été prononcées hier, et des mesures rigoureuses annoncées, à échéance de quarante-huit heures. Quarante-huit heures ne pèseront guère à notre patience qui ne s'est pas lassée d'attendre deux ans, de souffrir six semaines, pourvu que, ce dernier délai expiré, la Grèce germanisée paie d'un coup tous ses défis et toutes ses offenses. De la Conférence de Rome, sauf cela, qui peut être quelque chose, nous savons seulement qu'elle a eu lieu. Mais de ses travaux, ou de son programme même on ne nous a rien dit. Aucune déclaration solennelle ne l'a close. Les toasts ont été brefs et de simple courtoisie. C'est parfait, car ce qu'on attend cette fois du Conseil de guerre de l'Entente, ce ne sont pas des photographies, ce sont des hommes, et ce n'est pas une formule, c'est une action. Au point de vue militaire, la retraite russo-roumaine sur le Sereth se poursuit sans accident désastreux, en dépit de l'effort combiné de Mackensen et de Falkenhayn en Valachie et de l'archiduc Joseph dans les passes de la Moldavie, en dépit même de la prise de Braïla et de la chute de Focsani. Tout peut encore être sauvé, si Broussiloff attaque, là ou un peu plus haut. A l'Occident, il semble, à de certains signes, que le front franco-anglais s'apprête à se réveiller. Puisque nous ne saurions vouloir une paix précaire, il nous faut vouloir la victoire totale. La France et l'Angleterre viennent de l'affirmer, comme un symbole, en conférant ensemble à leurs généraux en chef, Joffre et Douglas Haig, un bâton de maréchal, sur le cercle d'or duquel on pourrait, au lieu de l'inscription ancienne, graver : « Récompense du passé, espérance de l'avenir », ou, en un latin qui vaudrait toujours bien celui de Ferdinand de Bulgarie : *Præteriti merces, Spes futuri.*

III

1er février 1917.

L'OFFENSIVE DE MACKENSEN EN ROUMANIE. — LE PEUPLE RUSSE ET L'ÉTAT RUSSE. — LES MINISTÈRES TOMBENT LES UNS SUR LES AUTRES. — LE VOILE ENTRE LA RUSSIE ET NOUS. — L'IMBROGLIO GREC SOUS CONSTANTIN. — LES CABINETS ZAIMIS, CALOGEROPOULOS, LAMBROS. — TOUTE UNE LITTÉRATURE DE NOTES DIPLOMATIQUES. — M. WILSON ET LA RÉPONSE DES ALLIÉS. — L'AMÉRIQUE DEVANT LE PROBLÈME DE LA PAIX. — LA SUISSE ET LA MENACE ALLEMANDE.

Comme des signes certains le laissaient prévoir, les divers fronts de combat semblent se ranimer. Le printemps militaire viendra de bonne heure cette année. A peine la colombe déplumée que le Chancelier impérial avait lâchée, avec un fil à la patte et, dans le bec, un rameau empoisonné, est-elle rentrée à son pigeonnier, que fiévreusement on hâte la préparation des futures batailles, sentant bien qu'elles seront terribles, qu'elles seront décisives, et qu'il faut que ce soient les dernières. Depuis quelques semaines, les adversaires, suivant une expression tirée du langage imagé et un peu trivial des lutteurs, « se tâtent », sur toute la surface du front occidental. Rien que depuis le 1er janvier, il ne s'est guère passé de jour où l'on n'ait signalé, de la mer aux Vosges, ici ou là, des reconnaissances et des canonnades qui n'ont que la valeur d'un avertissement, mais qui sont autant de symptômes. On voit reparaître, l'un après l'autre, les noms accoutumés. La main de l'ennemi se meut rapidement, infatigablement, à la recherche du point faible. Mais, nous non plus, nous ne nous endormons pas ; la garde que montent l'armée britannique et la nôtre est une garde vigilante ; notre calme n'est point inerte, il ne se borne pas à attendre les coups. Il y a sous le ciel gris et lourd quelque chose de solennel, presque de religieux, une sorte d'angoisse sacrée dans laquelle on devine que s'élabore le Destin.

En Roumanie, il était visible, vers le 15 décembre, que la situation avait tendance à se stabiliser. La marche des Austro-Allemands, foudroyante à travers toute la Valachie, et qui n'avait trébuché contre aucune des lignes de défense naturelles, est soudain devenue hésitante ; du moins elle s'est ralentie : la prise même de Braïla et de Focsani a marqué une nouvelle halte. Le feu s'est rallumé autour de la boucle dans laquelle le Sereth enferme le village de Fundeni. On dit exactement : « le feu », car c'est le communiqué officiel russe qui, le 20 janvier, l'a dit lui-même : « L'ennemi, appuyé *par un feu concentré* de son artillerie lourde et légère, a attaqué avec des forces considérables le front de Nanesti, à l'embouchure de la Rimnica, et a refoulé nos troupes vers le Sereth. » Nanesti est un gros village, sis précisément au point où la route qui descend de Focsani bifurque, en coupant la rivière, vers le Nord-Est, où elle rejoint la route et la voie ferrée, qui, elles, descendent vers Galatz. Mais que l'ennemi se soit fait « appuyer par un feu concentré d'artillerie lourde et légère », ce n'est pas seulement un détail intéressant, c'est une explication. Voilà pourquoi, dix jours durant, Mackensen, Falkenhayn ou l'autre étaient demeurés immobiles. Les maréchaux et leur état-major ne varient pas beaucoup leurs procédés; celui-là date, nous avons eu déjà plus d'une occasion de le rappeler, du grand Frédéric, qui évidemment le pratiquait selon ses moyens et les moyens de son temps, avec deux cents pièces, au lieu de deux mille; et, dans cette docilité à la leçon, l'on trouverait, s'il en était besoin, un exemple de plus de la force d'imitation et de répétition où s'exerce, s'obstine et jamais ne s'épuise la patience peu inventive de l'Allemand. Au reste, cette guerre a montré que le principe est excellent, voire que, dans la plupart des cas qui s'y présentent, il n'y en a pas d'autre, conduisant à des résultats, que l'infanterie n'avance pas et surtout ne se maintient pas tant que l'artillerie n'a pas « battu, martelé, écrasé le terrain ». Si c'est un enseignement de Frédéric II, nous avons dû nous mettre à son école et faire comme ses héritiers; mais nous le faisons à la française, avec plus de vivacité, et après la Somme, après Douaumont, ce n'est pas nous vanter que de prétendre y réussir mieux.

Plus au Nord, c'est-à-dire au Nord de Focsani, on ne mentionne que des échauffourées. Sur le Sereth même, s'il arrivait que, les villages des environs étant enlevés autour de la boucle, et Fundeni, au centre, rendu intenable, l'ennemi franchît la rivière, il se trouverait en face des positions les plus fortes des Russo-Roumains, qui sont en arrière, sur la rive gauche. Le Sereth passé, ce serait, insinue-t-on, une seconde campagne de Russie, la campagne d'Odessa, qui commencerait. Regardons ensemble la carte. Odessa est loin : deux cent cinquante kilomètres à vol d'oiseau. Et voyez les deux belles lignes d'eau ; des nappes plutôt que des lignes, et qui s'étendent, qui s'élargissent en marais : le Pruth, jusqu'à son confluent avec le Danube ; ensuite, le Dniester, dont le lit, dans la partie qui couvre la ville, est un dédale. Hindenburg s'y reconnaîtrait peut-être comme au milieu des lacs Masuriques, mais il y serait pour l'offensive, et non sur la défensive, non pas chez lui, mais en pays hostile. Sans doute le plus riche grenier à blé de l'Europe est une proie tentante, après les déceptions de Craïova et de Braïla. Mais c'est le royaume des ombres ; et, d'ailleurs, la route d'Odessa ne conduit, en Russie, nulle part qu'à Odessa. Derrière, il y a encore une Russie, encore l'espace, du vide à étreindre par-dessus le vide ; encore du temps à gagner ou à perdre pour saisir l'insaisissable et briser l'inarticulé. Ce qui fait la Russie finalement invincible, c'est qu'elle n'a pas de centre, et qu'il y a, sous un seul Tsar, plusieurs Russies. Autant partir pour la conquête des sept cercles de l'Enfer. Commencer une expédition de Russie est plus aisé que de la finir.

Les Allemands le savent. Pour venir à bout de l'Empire moscovite, ils ne comptent plus sérieusement sur la guerre. Peut-être serait-il excessif d'écrire qu'ils comptent de préférence, ou qu'ils ont compté, pendant un moment, sur la révolution. Les mêmes raisons qui sauvent la Russie du désastre, son immensité, sa dispersion dans l'espace, sa constitution en quelque sorte diffuse, la sauvent aussi des révolutions. Une révolution n'est guère possible que là où le pouvoir est concentré. Les révolutions elles-mêmes obéissent à des lois, ont leurs conditions non seulement psychologiques et historiques, mais géographiques. La science allemande, qui se pique d'avoir tout approfondi, n'ignore pas cette vérité élémentaire. Mais l'Allemagne officielle et l'Allemagne officieuse, à tous les degrés, ont manifestement espéré beaucoup du désordre, ou, si l'on le veut, non sans exagération, de l'anarchie latente, inévitables dans un Etat immense, — il faut répéter l'épithète, — dont chaque province, elle-même très vaste, est à elle seule un État ; plus artificiel qu'organique ; peu lié par un système de circulation insuffisant ; uni, il est vrai, dans la double personne d'un souverain omnipotent, père et maître de ses sujets, à la fois Pape et Empereur, chef religieux et politique à la fois ; peuple inquiet, rêveur, imaginatif, idéologue, relativement jeune ; comme tel, en mue, en pleine crise de croissance, en voie de transformation, et, au surplus, de longtemps agité par les sectes. Joignez à ces causes de faiblesse, qui tiennent à la structure interne de la société, de la nation et de l'État, — bien plus, au caractère même, à l'esprit même, à l'âme même de la race, — joignez-y des causes de dépression et de division plus immédiates ou plus directes dans le grand conflit qui se débat présentement : tant d'Allemands aborigènes ou importés, Russes natifs des pays baltiques, Allemands plus ou moins fraîchement naturalisés Russes, avec tant d'aboutissements dans les deux classes, souvent mêlées et confondues, sur lesquelles, traditionnellement, se fondait et reposait l'Empire ; la noblesse et l'administration. Milieu entre tous favorable au travail allemand, qui ne craint pas de s'attaquer à des besognes plus ardues. Quand on a constaté ce qu'ose l'Allemagne chez nous, où elle a infiniment moins de prises, ce n'est point s'abandonner à quelque penchant romanesque que de la soupçonner d'avoir employé en Russie ses instruments de guerre favoris, qui ne sont pas tous proprement militaires, et l'on peut abréger l'adverbe en adjectif : qui ne sont pas tous très propres. Par quoi il n'a pas manqué de s'ajouter du mystère au mystère russe. Nous connaissons mal la Russie, et nous avons le tort de la juger d'après nos sentiments, nos idées, nos institutions, nos habitudes occidentales. Ici encore il faut en rapporter le motif à son immensité et à sa diversité, mais elle ne tient pas dans nos cadres, elle ne se meut pas sur notre plan. De bonnes lectures, entre autres, pour ces soirées d'hiver, d'un troisième hiver de guerre, c'est, aux extrémités opposées de son histoire, d'une part le *Pierre le Grand*, de Voltaire, et de l'autre, si le rapprochement n'est pas trop surprenant, *Russie* et *Démocratie*, de M. G. de Wesselitsky. Qu'est-ce, en somme, que la Russie? A l'origine, une théocratie-autocratie; hier, une autocratie-aristocratie-bureaucratie; aujourd'hui, une autocratie-bureaucratie-démocratie : demain, une autocratie-démocratie : les deux régimes ne sont nullement inconciliables. La Russie évolue très vite, si rien ne traverse son chemin, vers un césarisme de type classique, c'est-à-dire sollicité par la démagogie, sous le couvert de formes et de formules parlementaires. Ne pas pouvoir, à tout instant, se représenter cette évolution, c'est se condamner à ne pas comprendre la Russie, ni par conséquent rien de ce qui s'y passe.

Ce sont là bien des réflexions, et qui paraîtront sans doute tirées de loin, à propos des changements de ministres qui se succèdent et se précipitent. Comme M. Trépoff avait remplacé M. Sturmer, le prince Galitzine a remplacé M. Trépoff. Devant le peuple russe en marche, des fumées montent et s'évanouissent, dont on n'aperçoit pas la flamme. M. Sturmer, qui n'a de slave que son prénom de Boris, s'était abîmé récemment sous la réprobation de la Douma, et l'on raconte que son ministre de la Guerre et son ministre de la Marine avaient aidé à son naufrage. Du moins on le croyait perdu, mais il n'avait fait qu'un plongeon, il a nagé entre deux eaux, et le voici de nouveau qui émerge, soutenant et tirant après lui son fidèle Manassévitch Manouiloff. L'écueil sur lequel, à son tour, est allé se briser M. Trépoff, Russe authentique et autochtone, a été la présence dans son Cabinet de ce M. Protopopoff, qui nous fut présenté, lors de la visite des délégués de la Douma aux pays alliés, comme un parangon de patriotisme et de libéralisme. On dit bien qu'au retour, il eut à Stockholm une entrevue compromettante, d'où devait naître un journal fondé avec des capitaux dont la source, au point de vue russe, n'est pas sans mélange. Ce qui est sûr, c'est que M. Protopopoff, qui fut jadis l'idole de la Douma, en est maintenant, révérence gardée, la bête noire. Comme il a survécu ministériellement à M. Trépoff, au comte Ignatieff, ancien ministre de l'Instruction publique, à l'ancien ministre de la Guerre, le général Chouvaieff, sa collaboration est le principal danger auquel soit exposé le nouveau président du Conseil, le prince Galitzine. La Douma s'affirme en effet de plus en plus comme un parlement de plein exercice, ne fût-ce que par le goût et presque le besoin de la violence et du scandale, mais aussi, heureusement, par de plus hauts et de plus purs soucis. D'instinct, elle est portée à suivre la maxime ancienne, que, si les calomnies sont pernicieuses, les accusations sont nécessaires dans les républiques ; prenons « républiques » au sens large et disons : dans les États populaires ou simplement représentatifs ; partout où des hommes sont assemblés; mais on y glisse, sans s'en défendre assez, de l'accusation à la calomnie, qu'on ne distingue pas toujours l'une de l'autre ; et c'est peut-être sous ce rapport, premièrement, que la Russie modernisée tend à la démocratie. En tout cas, la séparation est trop mince pour qu'on puisse la voir à distance, surtout lorsque, par le malheur des temps, les moyens manquent de s'informer ou de vérifier l'information. Un allusion, glissée de la meilleure foi du monde, par M. Pourichkiévitch, dansun discours à la Douma, aux prétendues sévérités de la justice française à l'égard d'un grand commerçant parisien,qui aurait fait à l'armée des fournitures de mauvaise qualité, et qui, en dépit des influences suscitées pour faire cesser les poursuites, aurait été quand même, sous la menace de démission du général Joffre, pris, jugé et « pendu »; cette anecdote, et dix autres pareilles nous avertissent d'être prudents, par réciprocité. Un si grand intervalle, et que les circonstances font si difficile à combler, tire un voile et met du noir entre la Russiè et nous. Dans cette obscurité, pourtant, le dernier rescrit du Tsar, si nous en avons un texte exact, fait jaillir trois points lumineux. Nicolas II recommande au prince Galitzine, pour en former l'objet le plus important de ses études, le soin de l'alimentation du peuple, l'amélioration du service des transports, tout ce qui, matériellement et moralement,peut mettre ce peuple en état d'aspirer et d'atteindre au seul but où il puisse espérer trouver la paix : une victoire totale et définitive.Telle est la volonté commune de l'Empereur, du Conseil de l'Empire et de la Douma; là et ainsi se frappent et s'allient, dans la Russie contemporaine, sous le terrible marteau de la guerre, l'autocratie et la démocratie ; et qu'elles cherchent d'un commun accord leur fusion dans la victoire, en en voulant les conditions, c'est l'essentiel ; tout le reste est secondaire.

Sortirons-nous enfin de l'imbroglio grec? Si, en séance publique ou en comité secret, la Chambre parvient à le démêler, et que l'on y voie clair, et que l'on gouverne droit, nous lui devrons de la gratitude. Il y a plus d'un an qu'il dure en se compliquant et en s'épaississant. Il s'est noué dès le jour où la Grèce, malgré l'avis de M. Venizelos, a refusé de remplir les obligations de son traité avec la Serbie. Dès ce jour-là, le masque, que le roi Constantin s'était maladroitement attaché sur le visage, a été percé. Ce masque, barbouillé de bleu de Prusse, le roi des Grecs l'a jeté, pour le reprendre de temps en temps, lorsque, pour la première fois, il s'est séparé de M. Venizelos ; lorsque, après avoir permis que son gouvernement nous appelât à Salonique et que son état-major y facilitât notre établissement, il a néanmoins élevé contre cette opération une protestation qu'il nous disait à l'oreille *pro formâ* ou, pour plus de couleur locale, toute platonique, mais sur laquelle sa duplicité, renforcée de l'hypocrisie allemande, se réservait de fonder plus tard, à notre charge, le grief de violation de neutralité, qui eût permis à la Grèce de jouer auprès des neutres, dans la troupe impériale, le rôle de victime immolée, et d'effacer ou de contre-balancer, à la réhabilitation des Empires du Centre, l'assassinat de la Belgique. En décembre 1915 et en janvier 1916 Salonique est le théâtre de menées et de complots qui obligent le général Sarrail à faire arrêter et expulser les consuls des États de la Quadruple-Alliance. Le roi Constantin proteste. En février, contraints par les événements, nous occupons Corfou pour y recueillir et y reformer les débris de l'armée serbe. Le roi Constantin proteste. Mais il fait plus et pis. Comme il a appelé et maintient au pouvoir un ministère germanophile, sa résistance peu à peu s'accentue ; de passive, elle devient active, elle se fait inamicale avec des politesses et inconstitutionnelle sans déguisement. La propagande allemande à Athènes est déliée de toute retenue. En juin, le fort de Roupel est livré aux Bulgares par une double trahison, trahison envers la Grèce, trahison envers les Puissances créatrices et protectrices de la Grèce. Le général Sarrail déclare en état de siège le territoire de Salonique, et Constantin proteste encore. Par leur note du 21 juin, ces Puissances demandent alors quatre choses : la démobilisation de l'armée grecque ; le renvoi du ministère Skouloudis ; la dissolution de la Chambre mal élue ; le remplacement de certains fontionnaires de la police. A cette date, déjà, ceux qui connaissent bien la situation et les intentions du Roi, conseillent discrètement le blocus des ports de Patras, de Calamata, du Pirée et de Volo. Mais le roi Constantin sent que c'est sérieux, il accepte ; ce qui peut être une manière moins dangereuse et plus sûre de résister.

Il ne fait que feindre une démobilisation. Aussitôt, phénomène étrange, ces réservistes qui, tant qu'ils étaient assemblés, ne craignaient que de se battre et ne brûlaient que de retourner chez eux, maintenant qu'on les sépare, ne brûlent que d'être rappelés et de faire parler la poudre. Ils se forment partout en ligues, s'enrôlent, s'enrégimentent. Au commencement d'août, la Macédoine est envahie par les Bulgares, et ce sont, du coup, les nouvelles élections qu'implique la dissolution de la Chambre rendues impossibles, tout justement dans les provinces où le parti libéral aurait une énorme majorité. Cependant, ce parti hésite à recourir aux moyens extra-légaux. Mais, vers le 15 septembre, sous l'affront bulgare, le général Zymbrakakis et le colonel Christodoulos créent le Comité de défense nationale à Salonique ; des bagarres éclatent aux portes des casernes ; officiers et soldats qui ne peuvent supporter la honte sont traités comme des rebelles. Les Puissances protectrices se fâchent : elles exigent le renvoi des deux mauvais génies du Roi, le général Dousmanis et le colonel Metaxas. Leurs escadres viennent se ranger dans la baie de Salamine, et elles présentent une deuxième ou troisième note, celle-ci en trois points : 1° Remise des télégraphes ; 2° Expulsion des corrupteurs étrangers ; 3° Poursuites contres les espions. A cette note, comme à l'autre ou comme aux autres le roi Constantin acquiesce et souscrit. N'empêche que le colonel Hadjopoulos, à Cavalla, se rend aux Germano-Bulgares avec ses troupes, qui sont emmenées et internées à Goerlitz, en Silésie. Le Roi n'a pour lui et pour elles que des paroles d'admiration, salue en lui et en elles des héros, de même qu'il n'a, pour les bandes de réservistes qui se préparent, que des paroles d'encouragement. Le président du Conseil, M. Zaïmis, honnête homme, quoique faible, s'indigne et s'en va. Après quelques jours de tâtonnements, le Roi finit par mettre debout un ministère Calogeropoulos. Nous refusons de le connaître. Il fait l'aimable, ne nous attendrit pas, se fatigue et s'en va. En désespoir de cause, le Roi recourt à son ancien professeur d'histoire, M. Lambros, que nous ne devions pas connaître davantage ; mais nous décidons de faire connaissance. Au fond, sous des pseudonymes variables, le Roi n'a jamais eu qu'un seul et même Cabinet, son Cabinet occulte, les gens de son secret et de sa confidence : les Streit, les Gounaris, les Dousmanis, les Metaxas.

Dans l'intervalle, les choses se sont compliquées. Le 25 septembre, M. Venizelos et l'amiral Coundouriotis, tout de suite rejoints par l'amiral Danglis, ont pris une grande résolution : ils ont gagné la Crète, et de là gagnent Salonique. Le 17 octobre, le Gouvernement provisoire, qui s'est constitué, qui a ses organes, un ministère, une administration, un embryon d'armée, demande à l'Entente sa reconnaissance officielle. Au lendemain d'une conférence à Boulogne, on élude la proposition, en termes du reste sympathiques. C'est à partir de ce moment qu'il nous faut avouer que nous ne comprenons plus. Jusqu'en octobre, on peut penser que la politique de l'Entente en Grèce a été trop mollement conduite, mais, pendant les neuf premiers mois de 1916, elle avait paru suivre une ligne, s'orienter vers une fin. Désormais, cette ligne est brisée; le fil est coupé, et nous sommes au pays du Labyrinthe! Peut-être un jour saura-t-on le mot de l'énigme. Toujours est-il qu'en novembre les visites, les conversations, les dîners, les salamalecs reprennent de plus belle. On nous flatte, on nous aveugle, on nous caresse, et on nous amène dans le piège. Les journées du 28 et du 30 novembre nous conduisent sans défiance et comme sans défense aux journées du 1er et du 2 décembre, dont nous nous interdisons de parler sinon pour dire que ce furent les journées sanglantes, les Vêpres athéniennes, et pour remarquer que, depuis lors, deux mois, deux grands mois, plus longs d'être restés vides, se sont lentement écoulés. Vides ; pas tout à fait : nous avons eu l'ultimatum du 9 janvier, et encore, le samedi 13, je crois, quelque autre pièce d'artifice diplomatique. Est-il nécessaire d'ajouter que le Roi des Grecs, nés subtils, ne s'est pas fait faute d'adhérer à la note du 31 décembre aussi complètement qu'aux vingt-trois précédentes ? La nouveauté serait que, cette fois, il s'exécutât. On nous assure qu'on voit passer les trains, avec des soldats aux portières, et qu'on les pointe sévèrement, et que presque toute l'artillerie de l'armée grecque est à présent dans le Péloponèse. Il se pourrait. L'Empereur allemand est fort occupé, et Mackensen, Falkenhayn même qu'on avait dit arrivé à Larissa, sont encore loin. Mais il est toujours bon de rappeler les principes, ou le principe, car il n'y en a pas deux, et le mal vient, en Grèce, de ce que nous y avons eu en même temps deux politiques : si l'on ne frappe haut, fort et vite, il n'y aura ni justice, ni honneur, ni sécurité. C'est tout ce qu'a voulu montrer ce résumé fidèle des faits, qui, malheureusement, n'est pas un apologue.

Au demeurant, ce genre de littérature, la note diplomatique, en vue de la guerre et de la paix, fleurit abondamment au plus dur de l'hiver, et la glace ne l'arrête pas. Dans le seul cours de cette quinzaine, nous aurons eu les proclamations de Guillaume II et de Charles Ier; la réponse de l'Entente au Président Wilson; le même jour, et pour tâcher d'en détruire l'effet, une seconde note des Empirès du Centre; une proclamation truculente et une lettre mystico-humanitaire de l'Empereur allemand; une lettre admirable de M. Balfour à l'ambassadeur d'Angleterre aux États-Unis; une interview de M. Raymond Poincaré; une autre, de M. Zimmermann; un discours du comte Tisza; une réplique de la Porte ottomane à la réponse de l'Entente, une réponse de la Grèce à la note des neutres, où elle se donne des airs d'Iphigénie; enfin, et ce sera bien le comble, une note ou une réponse bulgare. Il va de soi que ces documents (encore en omettons-nous) ne sont pas tous d'égale qualité. Nous tirerons hardiment hors de pair, à cause de leur importance durable, la réponse de l'Entente à M. Wilson et le tout récent message du Président au Sénat américain, qui s'y rattache comme une suite et comme une conclusion. De la réponse de l'Entente au Président Wilson on peut redire, avec plus de force, ce que nous avons dit de sa réponse à la note allemande. Il n'y a même plus, sur la forme, de réserve à faire, et la composition elle-même en est parfaite. L'émouvante réponse de la Belgique la prolonge sans la dédoubler. M. Wilson nous avait demandé nos « buts de guerre », et nous aurions pu être embarrassés pour les lui faire connaître : puisque c'est nous qu'on a attaqués, qu'on a saisis brusquement à la gorge, nous n'avions pas « de buts de guerre ». Nous n'en avons eu qu'un, qui a été de nous défendre. Et maintenant, ce que nous avons, ce ne sont pas non plus des « buts de guerre », ce sont des « conditions de paix, fondées sur des « nécessités de vie ».

Quant à elles, point de difficulté pour les déclarer. Elles sont aussi honorables qu'impérieuses, et nous n'en sommes pas les maîtres, c'est elles qui sont nos maîtresses. Nous ne ferons pas la paix quand nous voudrons ; nous ferons, non pas une paix quelconque, mais cette paix, quand nous pourrons. Quelle paix ? Les Alliés l'ont dit, à maintes reprises : « Une paix qui leur assure les réparations, les restitutions et les garanties auxquelles leur donne droit l'agression dont la responsabilité incombe aux Puissances centrales ; une paix qui permette, d'autre part, d'établir sur une base solide l'avenir des nations européennes. » Ils savent que, par la guerre, belligérants et neutres, plus ou moins, toute l'humanité souffre. Et ils ne veulent pas que, pour eux, elle souffre plus longtemps qu'il ne faudra. Mais ils ont conscience de la défendre, autant que de se défendre, de défendre, avec leur droit et leur indépendance, « le droit et l'indépendance des peuples ». Une assimilation avec « l'autre groupe de belligérants » les blesserait, mais ils savent que le Président Wilson n'y saurait songer. Pour la partie positive, la réponse énumère, avec une franchise que certains ont estimée excessive ou prématurée, les données territoriales d'une future Europe, libérée, pacifiée, « tranquille et stable ». Evidemment, c'est dans cette partie que sont les contingences, s'il doit y en avoir, mais des contingences qui elles-mêmes sont et resteront fonction des nécessités supérieures. La loyauté de notre réponse, gage à la fois de la probité de nos desseins et de la fermeté de nos résolutions, ne pouvait manquer de plaire à l'homme loyal, probe et ferme qu'est M. Woodrow Wilson. Il n'en dissimule pas sa satisfaction. Aussi bien sa question ne s'adressait-elle qu'à « l'un des groupes de belligérants », à l'autre, à celui qui volontairement s'était tenu dans le vague, espérant qu'il pourrait en nourrir ses exigences et y accroître ses gains. « Les Puissances centrales, fait observer le Président au Sénat de Washington, ont déclaré purement et simplement qu'elles étaient prêtes à se rencontrer dans une conférence avec leurs antagonistes pour discuter des conditions de la paix. Les Puissances de l'Entente ont répondu d'une façon beaucoup plus définie et ont déclaré, en termes généraux, certes, mais d'une façon qui montre suffisamment les arrangements, les garanties et les actes de réparation qu'elles jugent indispensables pour un règlement satisfaisant. » Soyons, nous aussi, entièrement sincères. Lorsque M. Wilson prophétise : « Dans toute discussion de la paix qui mettra fin à cette guerre on reconnaît que cette paix doit être suivie de quelque union de Puissances bien définie, qui rendra virtuellement impossible que pareille catastrophe nous accable de nouveau », on applaudit ; mais, tout en formant le vœu, on se retient de ne pas s'écrier : « O Salente ! » — ceux du moins qui sont politiques et historiens plus que juristes et philosophes ; — et ce n'est pas *Télémaque* qu'on cherche dans sa bibliothèque, mais quelque Florentin ou Vénitien froid et clair. Il faut s'habituer à ce style, à ces circonlocutions, à ces phrases en périphrases. Pourtant il y a là-dessous la pensée d'un homme non seulement probe et juste, mais sagace, avisé, très instruit des mouvements de l'opinion américaine et très sensible à ces mouvements.

Nous n'avons rien à perdre, rien à risquer, en lisant dans cet esprit le message du Président Wilson. Si nous y regardons bien, il part de la réponse même de l'Entente, et il la continue. Il ne suggère quoi que ce soit qui ne soit, pour nous, d'avance acquis, consenti, ou convenu. « Nous n'aurons pas de voix, dit-il, nous les États-Unis, pour déterminer quelles seront les conditions de la paix » ; et il insiste : « Je ne veux pas dire qu'un gouvernement américain mettrait des obstacles aux conditions de paix si les gouvernements actuellement en guerre les acceptaient, ou chercherait à les bouleverser quand elles seraient établies. » Quoi de plus sage et de plus correct ? M. Wilson est parfaitement en droit de stipuler ensuite : « Mais nous aurons, j'en suis sûr, une voix pour déterminer si elles seront durables ou non en vertu des garanties d'une convention universelle... Une convention en vue d'une paix coopérative qui ne comprend pas les peuples du Nouveau-Monde ne peut suffire à assurer l'avenir contre la guerre. » Hélas ! Même celle-là y suffirait-elle ? Le Président des États-Unis esquisse d'un trait le plan d'une gendarmerie des nations. Mais qui gardera le gardien ? et qui sera le gendarme des gendarmes ?

La conviction de M. Wilson s'alimente de ce qu'on nomme, par une amplification, la « doctrine » de Monroe : « Je propose donc que les diverses nations adoptent, d'accord, la doctrine du Président Monroe comme la doctrine du monde ; qu'aucune nation ne cherche à imposer sa politique à un autre pays, mais que chaque peuple soit libre de fixer lui-même sa politique personnelle, de choisir sa voie propre vers son développement, et cela, sans que rien le gêne, le moleste ou l'effraye, de façon que l'on voie le petit marcher côte à côte avec le grand et le puissant. » Oui, si le grand n'avait pas faim ou n'avait plus de dents ! Ce serait incontestablement très bien. Ainsi de l'école de Le Play et du Décalogue. Le monde et l'homme seraient parfaits, si seulement le Décalogue était observé. Mais comment faire pour qu'il le soit ? Sur la doctrine elle-même de Monroe, et ses interprétations, et ses extensions possibles, nous aurions sans doute, en Europe, quelque chose à dire. Pour aujourd'hui, la place nous fait défaut, et ce n'en est pas l'heure. Ce n'est plus pour nous le temps de parler, mais de travailler et d'agir.

Préparons l'avenir, avec le Président Wilson, les États-Unis et « les peuples des Amériques ». Mais assurons d'abord le présent par nous-mêmes. En attendant la Société des nations, dans laquelle la garantie d'un consentement universel nous ménagera des jours de paix et de joie, il faut survivre et vivre dans la nôtre, que l'Allemagne, nous en convenons, avait faite affreuse. En attendant la venue du gendarme infaillible, surveillons le brigand et le maraudeur. Nous voyons, non loin de nos frontières, « un petit qui marche côte à côte avec un grand ». Le grand le serre de bien près, le frôle bien souvent, lui met alternativement la main sur l'épaule et le poing sous le nez. Ceci n'est pas le conte du *Petit chaperon rouge*, c'est le cas de la Suisse à demi-encerclée par l'Allemagne, soumise à sa pression politique et économique. S'il n'y avait d'espoir, pour la tenir à l'abri, qu'en la messianique « Société des nations », nous tremblerions pour elle et nous mettrions pour nous-mêmes un verrou de plus à notre porte. Mais la Suisse a assez prouvé que la vertu n'est point à la mesure de la taille, et que la liberté fait des miracles. Il y a six siècles, depuis le serment de 1291, que l'aigle a été chassé de la montagne. Il y a un siècle, depuis 1815, que la Suisse, avec des cantons français, allemands et italiens, persiste à n'être ni française, ni allemande, ni italienne, mais suisse. Dans les siècles qui viennent il fera peut-être bon d'être gardé par les autres. Dans le nôtre, il est encore plus sûr de s'en fier avant tout à soi. La Suisse, qu'assiègent les Allemands, mobilise de précaution. Elle ne veut pas qu'ils passent : ils ne passeront pas.

IV

15 février 1917.

LES ÉTATS-UNIS ROMPENT AVEC L'ALLEMAGNE. — LES COMMENTAIRES DE M. ZIMMERMANN. — LA GUERRE SOUS-MARINE SANS RESTRICTIONS. — DE « LA HAUTE TRIBUNE D'IMPARTIALITÉ ». — LA RÉPLIQUE AU MÉMORANDUM DU COMTE BERNSTORFF. — LES HÉSITATIONS DE M. WILSON. — L'APPEL DU PRÉSIDENT AMÉRICAIN AUX NEUTRES. — L'ALLEMAGNE S'EST MÉNAGÉ UNE ÉCHAPPATOIRE. — AU BORD DE LA GUERRE AVEC LES ÉTATS-UNIS.

Un fait considérable vient de se produire. Le samedi 3 février, le Président Wilson a déclaré rompues les relations diplomatiques des États-Unis avec l'Empire allemand. Rien de plus pour le moment, mais rien de moins ; et il n'en faut pas davantage pour que, depuis la résolution prise par la Grande-Bretagne le 4 août 1914, il ne se soit point accompli d'acte plus important. Comment cet acte a-t-il été amené, par quel enchaînement de circonstances, quels en ont été les motifs, quelles en seront les conséquences probables ou possibles, c'est ce que, soit pour en bien dégager le caractère, soit pour en bien estimer la valeur, il ne sera sans doute pas inutile de montrer. Si près des événements et de si grands événements, la seule manière qu'il y ait, non d'écrire, mais de préparer « l'histoire politique », et par là de nous acquitter d'une tâche qui devient de plus en plus difficile, n'est-elle pas d'essayer d'en donner, sur le vif, une bonne et fidèle analyse ?

La quinzaine dernière s'était en quelque sorte close par le message de M. Wilson au Sénat de Washington. Tel que ce document nous permettait de nous représenter, à la fin de janvier, l'état d'esprit du Président, nous l'avions laissé occupé uniquement de la paix, y pensant sans relâche, l'appelant de ses vœux, tout prêt à l'appeler de ses efforts, organisant en imagination une Société des nations où, sous la protection commune et dans la foi jurée, l'agneau vivrait comme s'il n'y avait pas de loup ; et, pour tout dire, rêvant un peu, à notre avis. Mais, comme ces rêveries sont de celles par lesquelles, au long des âges, l'humanité a réalisé les rares et faibles progrès dont elle peut s'enorgueillir, il n'y avait, au bout du compte, qu'à ne pas les interrompre, qu'à s'incliner avec respect, et à passer. C'est en effet ce que firent les gouvernements du monde entier, belligérants ou neutres, excepté celui du « Suprême seigneur de guerre », chef de chœur de la Quadruple Alliance. Justement, Guillaume II allait fêter son cinquante-huitième anniversaire, et il avait, à cette occasion, réuni, autour de sa table, à son quartier général, sa famille d'abord, comme il convenait, l'impératrice Augusta-Victoria, les princes Henri et Valdemar, son allié inséparable, l'empereur Charles Ier d'Autriche, les serviteurs de sa volonté, les ombres de sa majesté au-dedans et au dehors, le chancelier de Bethmann-Hollweg, le secrétaire d'État Zimmermann ; pour les pays de la couronne des Habsbourg et de la couronne de Saint-Étienne, le comte Czernin : trois personnages dont la présence révélait que tout ne s'était pas borné à des congratulations, et qu'on en avait fait, ou médité, entre complices, beaucoup plus qu'on n'en voulait dire. M. Zimmermann jouit en Allemagne de la réputation, qu'il ne partage avec personne, pas même avec M. de Bethmann-Hollweg, son supérieur hiérarchique, d'être l'homme le plus spirituel de la Wilhelmstrasse. Il n'est pas défendu de supposer qu'il fut, au cours de ce voyage, particulièrement brillant ; et que c'est peut-être pourquoi, lorsque le Chancelier annonça, non sans mise en scène, qu'il se rendrait, le 31 janvier, devant la grande Commission du Reichstag, pour y exposer « les vues au sujet desquelles il était allé se mettre d'accord avec l'Empereur », il ajouta qu'il serait assisté du secrétaire d'État ; et c'est peut-être aussi pourquoi M. Zimmermann fut chargé de rédiger et de signer la réponse allemande à la communication, faite en forme officielle, du message lu par le Président Wilson au Sénat des États-Unis. Fixons donc la chronologie : 22 janvier, message de M. Woodrow Wilson ; 27 janvier, réunion au quartier général du Kaiser ; 31 janvier, discours de M. de Bethmann-Hollweg à la Commission du Reichstag et réponse de M. Zimmermann au message américain.

Le discours ne fut, en vérité, que le commentaire

du document ; et c'est par conséquent au document lui-même qu'il faut aller tout droit. Quand même il ne porterait pas, au bas de la page, le nom de M. Zimmermann, il n'en porterait pas moins sa marque. La voici, bien visible, et comme gravée dans le préambule : « Il est très agréable au gouvernement impérial de constater que les lignes directrices de cette importante manifestation (le message Wilson) concordent avec les principes et les vœux auxquels souscrit l'Allemagne. En premier lieu vient le droit de toutes les nations de décider de leur sort et d'être traitées également. En reconnaissance de ce principe, l'Allemagne se réjouirait sincèrement si des peuples comme l'Irlande et les Indes, qui ne jouissent pas des bienfaits de l'indépendance politique, recevaient maintenant la liberté. » Pour être de l'ironie, on ne peut pas dire que ce n'en est pas ; ou qu'elle est si légère qu'on la sent à peine passer. Si la Chancellerie n'en trouve pas de meilleure, c'est que M. Zimmermann n'en a pas de plus fine : et si toute l'Allemagne n'en est pas secouée d'un rire colossal, c'est que tout de même elle n'a plus le cœur à rire et n'est plus assez nourrie pour perdre de ses forces à cet exercice. Et l'on serait tenté de se récrier, de s'indigner contre une pareille audace, de la part de gens qui détiennent, oppriment et tyrannisent, les uns depuis un demi-siècle, les autres depuis un siècle entier, Danois du Sleswig, Alsaciens-Lorrains, Polonais, pour abréger le catalogue de leurs victimes ; mais on réfléchit qu'il y a là-dedans autant d'aveuglement, de cécité morale que de cynisme. L'esprit et la conscience ont leur myopie, qni ne se corrige pas avec des lunettes. Des choses comme celles-là, aucun Allemand ne devrait oser ni pouvoir les écrire ; mais M. Zimmermann poursuit, imperturbable: « Le peuple allemand est opposé aux alliances qui poussent les peuples dans une lutte pour la puissance et qui les enlacent dans un réseau d'intrigues égoïstes. En revanche, la joyeuse collaboration du gouvernement allemand est assurée à tous les efforts qui tendraient à empêcher les guerres futures (notons, en passant, que l'épithète a changé d'objet : ce n'est plus la guerre qui est fraîche et joyeuse). « La liberté des mers, qui est la condition préalable de la libre existence et des relations pacifiques des peuples, de même que la politique de la porte ouverte au commerce de toutes les nations, a toujours été au nombre des principes directeurs de la politique allemande. »

Fermes sur ces principes directeurs, l'Allemagne et ses alliés voulaient tout de suite entamer des « pourparlers de paix », en leur donnant pour but « la protection de la vie, de l'honneur et du libre développement du peuple ». Ni elle, ni eux, ne visaient à « l'anéantissement de leurs adversaires ». La Belgique, eh bien ! la Belgique, l'Allemagne ne l'annexerait pas, elle ne la restituerait pas, et ne la restaurerait pas absolument, non plus. L'Europe centrale avait, en toute ingénuité, fait connaître son intention de déclarer au monde cette paix perpétuelle, dans l'égalité des nations, si conforme à la fois aux idées de M. Wilson et au génie allemand. La scélérate Entente n'en avait pas voulu. Elle avait fait échouer ce grand dessein, par « appétit de conquête », brûlant « de démembrer l'Allemagne, l'Autriche-Hongrie, la Turquie et la Bulgarie », opposant « au désir de réconciliation une volonté de destruction ». Dès lors, l'Allemagne se voyait « obligée de prendre de nouvelle décisions ». Puisque l'Entente avait dédaigné la paix sans victoire, elle allait avoir la guerre sans merci. La guerre navale d'abord. Dieu punisse l'Angleterre, et « le groupe de Puissances mené par elle » ! Ici, une phrase admirable : « Depuis deux ans et demi, l'Angleterre abuse de la puissance de sa marine pour essayer criminellement de réduire l'Allemagne par la faim. » L'Allemagne a bien le droit de le lui dire, elle qui n'a jamais « abusé de la puissance de son armée » pour essayer de réduire un autre peuple par la force ! Et ce n'est pas seulement l'Allemagne que l'Angleterre contraint ainsi et étreint, ce sont aussi les États neutres, qu'elle prétend, « par une pression impitoyable », faire renoncer à tout trafic commercial qui lui déplaît. Arrivé là, M. Zimmermann se fait, alternativement ou tout ensemble, solennel et sentimental. « Devant l'humanité, devant l'Histoire et devant sa propre conscience, le gouvernement impérial ne peut prendre la responsabilité de ne pas recourir aux moyens, quels qu'ils soient, de hâter la fin de la guerre. » On lui a fermé brutalement les voies pacifiques, qu'il eût préférées. La guerre donc, la guerre à toutes armes, car il n'en est aucune qu'il ne doive employer dorénavant, « s'il veut servir un idéal élevé d'humanité, et s'il ne veut pas pécher contre ses compatriotes ». Pécher encore contre les neutres, en n'arrêtant pas au plus tôt, en ne brisant pas net l'abominable « guerre de famine » dans laquelle « la soif de domination britannique accumule froidement les souffrances de l'univers ». M. Zimmermann en vient à parler comme Bernhardi. Que la lutte soit horrible, pourvu qu'elle soit courte ; et plus elle sera horrible, étant plus courte, plus elle sera humaine! Que les neutres souffrent plus cruellement, pourvu qu'ils souffrent moins longtemps; qu'ils laissent faire le gouvernement allemand qui sait mieux qu'eux ce qu'il leur faut, qui ne les tue que parce qu'il les aime et ne leur cause tout ce mal que pour leur bien, pour le bien de ses ennemis eux-mêmes! « Chaque journée apporte dans la lutte qui se poursuit de nouveaux ravages et de nouvelles morts. Chaque journée qui abrégera la guerre conservera la vie, des deux côtés, à des milliers de vaillants combattants et sera un bienfait pour l'humanité éprouvée. » Tout cet étalage de doctrine, pour aboutir pratiquement à une conclusion qui ne demandait pas tant d'affaires : « Par suite, le gouvernement impérial est décidé à abolir les restrictions qu'il s'était imposées jusqu'ici dans l'emploi de ses moyens de combat sur mer, dans l'espoir que le peuple américain et son gouvernement comprendront les causes de cette décision et sa nécessité. Le gouvernement impérial espère que les Etats-Unis apprécieront le nouvel état de choses de la haute tribune de l'impartialité, et, de leur côté, qu'ils aideront aussi à empêcher de nouveaux maux et des sacrifices de vies humaines évitables ». De quelle manière? De la manière la plus simple : il suffira que le gouvernement américain « déconseille à ses ressortissants et aux navires américains de communiquer avec les ports des eaux déclarées prohibées ». Les eaux déclarées prohibées, conformément au mémoire et aux plans annexés, ce sont, sauf d'étroites bandes et un étroit chenal, par où, à leurs risques et périls, de nuit, une fois par semaine, peinturlurés en arlequin, pourraient tenter de se glisser quelques navires neutres, à peu près toute la mer du Nord, toute la Manche, toute la portion de l'Atlantique qui baigne nos côtes, à peu près toute la Méditerranée, toute la mer Adriatique. Parce qu'il plaît à l'Allemagne, et qu'elle pense y trouver son intérêt, elle chasse le monde de la moitié du monde : elle fait plus ; avec des grâces, qui forcent par trop son talent, elle le prie de s'en exiler. Dans les bureaux de la Wilhelmstrasse, on se frotte les mains ; pour l'étranger, on expédie de bons radiotélégrammes, et, pour la consommation intérieure, on dicte de bons articles. On va voir ce que peut, contre un sous-marin du dernier modèle, à grand rayon d'action, la machine à écrire du Président Wilson : c'est le thème de la plaisanterie favorite ; et M. Zimmermann est tout fier d'avoir rencontré cette métaphore : « de la haute tribune d'impartialité ». On l'entendra bien aux États-Unis, pays de sport : la plate-forme de l'arbitre, d'où il dirige le *match* et juge des coups, quitte à en recevoir par hasard qui ne lui étaient pas destinés.

Mais voici que, gravement, processionnellement, entouré de sénateurs et de représentants, qui sont allés le chercher aux portes du Congrès, grandi par la triple grandeur du lieu, de l'heure et de la fonction, le Président des États-Unis, qui n'est plus simplement M. Woodrow Wilson, mais un chef d'État dont on ne peut comparer les pouvoirs qu'à ceux « d'un souverain anglais du temps des George », est monté sur « la haute tribune ». Il tient à la main et déroule le manuscrit de cette note, qui, par avance, divertit si fort la grossière astuce allemande. M. Woodrow Wilson se retrouve un instant juriste et professeur pour poser incontestablement le point de droit. Or, le point de droit, il le tire de sa note au gouvernement allemand du 18 avril 1916, de la réponse allemande à cette note, réponse en date du 4 mai, et de l'acte pris de la dite réponse par le gouvernement américain, dans sa réplique du 8 mai. Le Président Wilson avait dit, le 18 avril : « S'il est toujours dans l'intention du gouvernement impérial de faire, au moyen de ses sous-marins, indistinctement, contre les navires de commerce, une guerre implacable sans aucun égard pour ce que le gouvernement considère comme des règles incontestables et sacrées du droit des gens et comme des obligations impératives d'humanité universellement reconnues, le gouvernement des États-Unis sera enfin forcé d'arriver à cette conclusion, qu'il n'aura qu'une ligne de conduite à tenir. A moins que l'Allemagne ne déclare maintenant, et ne donne immédiatement effet à cette déclaration, qu'elle abandonne ses procédés actuels de guerre sous-marine contre les navires transportant des cargaisons et des passagers, les États-Unis n'auront pas d'autre alternative que de rompre les relations diplomatiques. » Ainsi le gouvernement impérial était dûment averti. Il s'inclina. Le gouvernement allemand, répondit-il assez platement le 4 mai, « est disposé à faire tout son possible pour limiter ses opérations de guerre, pendant le reste de la durée des hostilités, à la lutte contre les forces belligérantes et à assurer de cette manière la libre circulation sur les mers, principe sur lequel le susdit gouvernement croit être, maintenant comme auparavant, en accord avec le gouvernement des États-Unis ». Dont acte, répliqua aussitôt, le 8 mai, le secrétaire d'État américain, M. Lansing. Et comme la Chancellerie avait insinué : « Les neutres ne peuvent pas s'attendre à ce que l'Allemagne, obligée de combattre pour son existence, aille, par égard à leurs intérêts, limiter l'emploi d'une arme efficace, au cas où on laisserait son ennemi continuer l'application de procédés de guerre transgressant les règles du droit des gens », M. Lansing s'était nettement refusé à confondre les espèces, avait catégoriquement prononcé la disjonction. « Afin d'éviter un malentendu, le gouvernement des États-Unis notifie au gouvernement impérial qu'il ne peut une seule minute admettre et encore moins discuter l'idée que le respect par les autorités navales allemandes des droits des citoyens des États-Unis en haute mer dépende en aucune façon et au moindre degré d'une conduite d'un autre gouvernement à l'égard des neutres et des non-combattants. De telles affaires sont séparées et non collectives, absolues et non relatives. »

Les choses étant ainsi réglées, les positions réciproques ainsi prises, neuf mois plus tard, le 31 janvier 1917, l'ambassadeur d'Allemagne à Washington, le comte Bernstorff, remet au secrétaire d'État américain, en même temps que la note de M. Zimmermann, un memorandum portant en substance : « Le gouvernement impérial ne doute pas que le gouvernement des États-Unis ne comprenne la situation imposée à l'Allemagne par les procédés de guerre brutaux des alliés de l'Entente... et que ce gouvernement... ne rende à l'Allemagne la liberté d'action qu'elle s'était réservée par la note adressée le 4 mai 1916 au gouvernement des États-Unis. En cette occurrence, l'Allemagne ripostera aux mesures illégales de ses ennemis *en empêchant par la force*, après le 2 février 1917, et dans les zones entourant la Grande-Bretagne, la France, l'Italie et dans la Méditerranée orientale, *toute navigation, y compris celles des neutres*, de ou pour l'Angleterre, de ou pour la France, etc. *Tous navires rencontrés dans ces zones seront coulés.* »

Le coup a été machiné comme au théâtre. Il y a eu préparation savante, mais secrète, et il éclate subitement. Le Président Wilson le dit, et il insiste à deux reprises : « A l'improviste et sans un avis antérieur quelconque... Cette action inattendue du gouvernement allemand, cette renonciation soudaine et profondément déplorable à l'assurance donnée... » Mais, depuis le 18 avril ou depuis le 8 mai 1916, depuis le premier et le dernier mot du Président sur ce sujet, la résolution des États-Unis est liée. Leur gouvernement n'a pas à choisir entre deux partis : il ne lui en reste qu'un à prendre, ou plutôt il est déjà pris. « Je pense que le Congrès sera d'accord avec moi... que le gouvernement n'a plus d'autre alternative compatible avec la dignité et l'honneur des États-Unis que de recourir à la décision que, par sa note du 18 avril 1916, il annonçait devoir prendre au cas où le gouvernement allemand ne déclarerait pas abandonner et n'abandonnerait pas effectivement les procédés de guerre sous-marine qu'il employait alors et qu'il a l'intention d'employer derechef aujourd'hui. » Cette décision, depuis un an irrévocable, qu'il n'y avait maintenant qu'à appliquer, c'était, pour reprendre la formule même de la note du 18 avril, de *rompre les relations diplomatiques*. « En conséquence, a continué le Président, j'ai chargé le secrétaire d'État d'annoncer à Son Excellence l'ambassadeur d'Allemagne que toutes les relations diplomatiques entre les États-Unis et l'Empire allemand sont rompues, que l'ambassadeur des États-Unis à Berlin se retirera immédiatement, et, en conformité avec cette décision, j'ai chargé le secrétaire d'État de remettre à Son Excellence ses passeports. » Puis viennent quelques paroles de politesse plus encore que d'atténuation, quelques-unes de ces transpositions de pensée ou quelques-uns de ces renversements de langage qui servent précisément à faire entendre qu'on croit ce qu'on dit ne pas croire ou qu'on ne croit pas ce que l'on dit qu'on croit : « Malgré cette action inattendue du gouvernement allemand..., je me refuse à croire qu'il soit dans l'intention des autorités allemandes d'exécuter ce dont elles nous ont prévenus et qu'elles se sentiraient libres de faire... Seuls, des actes positifs manifestes de leur part pourraient me faire croire cela même maintenant... » Pourtant, sait-on jamais ? Alors, s'il fallait enfin se résigner à croire, « si cette confiance invétérée en la discrétion et la clairvoyance de leurs intentions venait malheureusement à se manifester sans fondement, si des vaisseaux américains, des existences américaines devaient réellement être sacrifiés..., je prendrais la liberté de revenir devant le Congrès demander qu'on me donne l'autorité pour employer tous les moyens qui peuvent être nécessaires pour protéger nos marins, nos concitoyens au cours de leurs voyages légitimes et pacifiques en haute mer. » Là-dessus, ce cri émouvant, ce témoignage que se rend à elle-même une conscience apaisée : « Je ne puis faire rien de moins. » Ces moyens qui, un jour, seront peut-être nécessaires, se résument en un seul, le suprême moyen ; pour l'appeler par son nom : la guerre. Mais, jusqu'au bout, même après la rupture des relations diplomatiques, après le congé de l'ambassadeur d'Allemagne, M. Wilson désire éviter d'y recourir. Les États-Unis ne veulent rien, ne demandent rien, n'attendent rien. Ils n'ont d'autre ambition que d'être fidèles aux « principes immémoriaux » du peuple américain, que de revendiquer et de garantir ses droits incontestables « à la liberté, à la justice et à la tranquillité de l'existence, éléments de paix et non de guerre. — Dieu veuille que des actes d'injustice voulus de la part du gouvernement allemand ne viennent pas nous provoquer à les défendre ».

« Je ne puis rien faire de moins », affirme, et, pour ainsi dire, jure M. Wilson. Et nous, nous ne pouvons rien dire, nous ne devons rien lui faire dire de plus. Nous en convenons sans feinte ; au courant de l'année dernière, ses mouvements, parfois, nous avaient paru lents, au gré de nos impatiences. Il nous avait semblé avoir, sinon des reculs, car il n'a jamais reculé, au moins des temps d'arrêt, ou des hésitations, qui nous avaient parfois déconcertés. Certains de ses écrits, dans le nombre, et certains de ses propos, étaient, en apparence, bien faits pour nous surprendre : et peut-être est-il arrivé que nous marquions ici notre étonnement, avec quelque vivacité. Mais tout cela, en M. Wilson, était superficiel ; ces contradictions, ces scrupules, ces délais, tout cela lui était presque ajouté, presque extérieur. Le fond de l'être, chez lui, le ressort qu'on ne touche pas sans tout tendre ou sans tout casser, c'est le sens juridique. Il est, pour l'honneur de l'humanité, de ces natures que l'étude et la pratique du droit ont encore affinées et fortifiées, et qui ne supportent pas qu'un traité, un engagement puissent être déchirés comme un « chiffon de papier ». Chaque fois que l'Allemagne, dans son ignorance ou son mépris des âmes, a blessé en ce point M. Wilson, elle l'a redressé. Vue sous ce jour, l'attitude du Président est parfaitement cohérente, du premier de ses gestes au dernier, de la note du 18 avril 1916 à la déclaration du 3 février 1917. Il n'y a rien en acte dans cette déclaration qui ne fût en germe dans la note du 18 avril. La conclusion même n'est pas d'hier ; elle est de l'an dernier ; et ce n'est même pas M. Wilson qui y est venu, c'est l'Allemagne qui l'a dégagée. Elle l'a peut-être voulue plus qu'il ne la voulait. Elle l'a mis, par ses attaques, par ses provocations, en devoir de faire la figure qu'il devait aimer le mieux faire et de faire jouer à son pays le rôle que son pays aime le mieux jouer. Maintenant, le voici, pacifiste, mais juriste, puritain, président des États-Unis : il ne pouvait rien faire de moins, il ne pouvait faire autrement.

Mais la rupture des relations diplomatiques entre les États-Unis et l'Allemagne n'est que le premier des deux points qu'a développés ou abordés le discours du Président au Congrès de Washington. Il y en a un second, et c'est un appel aux neutres. A lire sous les mots ou entre les lignes, on eût peut-être été porté à y voir même plus qu'un appel : « Je considère comme entendu, avançait M. Wilson, que tous les gouvernements neutres adopteront la même ligne de conduite. » Cette expression, si nettement affirmative : « Je considère comme entendu », ouvrait aux imaginations de vastes perspectives ; d'autant plus qu'on l'avait noté, dans son message précédent du 22 janvier, le Président Wilson avait, avec affectation, parlé non seulement au nom du peuple des États-Unis, mais au nom « des peuples » de l'Amérique ou des Amériques, ce à quoi il ne semblait pas téméraire de supposer qu'il devait être en une certaine mesure autorisé. A présent, il parlait au nom des neutres, et il allait parler directement aux neutres, les invitant à joindre leur action à la sienne. En leur notifiant sa résolution, et tout en répétant qu'« il avait peine à croire que l'Allemagne pût réellement exécuter sa menace contre le commerce neutre », M. Wilson a tenu à dire : « Le Président croit que les Puissances neutres travailleraient à la paix du monde, si elles adoptaient une conduite analogue. » Les réponses commencent à lui arriver. Elles ne sont peut-être pas tout à fait ce qu'il attendait, mais elles sont ce qu'elles pouvaient être. L'Espagne proteste avec hauteur contre la piraterie allemande. A elle aussi l'Allemagne a trouvé le moyen de faire dire, sur un autre ton, le grand mot, le mot après lequel elle n'a plus jamais reculé d'une ligne : il ne faut pas que « soit interrompu le cours de son existence nationale », ni qu'il soit porté atteinte « à l'intégrité de sa souveraineté ». Elle appelle, sans ambages, l'attention du gouvernement impérial « sur la responsabilité qu'il assume, en raison, principalement, des pertes que son attitude peut occasionner ». Elle qualifie, en des termes où le dédain ne se dissimule pas, « la décision de fermer complètement le chemin de certaines mers en substituant au droit indiscutable de capture dans certains cas un prétendu droit de destruction dans tous les cas », décision par laquelle l'Allemagne s'est placée « hors des principes légaux de la vie internationale ». Et l'Espagne le fait en nation qui se souvient qu'il suffit souvent d'opposer la fermeté à la violence, et que Cánovas sut faire plier Bismarck dans le conflit des Carolines. Le Brésil, de son côté, proteste et rend l'Allemagne « responsable des actes commis par les sous-marins contre les citoyens, les marchandises et les bateaux brésiliens ». D'autres États de l'Amérique latine suivront sans doute, mais tenons-nous en à ce qui est acquis. En Europe, les autres neutres, qui sont tous de petits États, sont troublés. Le Danemark voudrait bien suivre M. Wilson, mais il ne le peut pas; il invoque, pour s'excuser, « ses conditions géographiques et économiques » ; et il n'est que trop vrai qu'elles l'exposent à tous les périls. De même pour la Suède et pour la Norvège ; de même encore pour la Suisse. Elles se récusent ou délibèrent. Mais si la proposition de M. Wilson n'a pu faire l'unanimité diplomatique, elle a fait l'unanimité morale. Dès aujourd'hui, il est permis de dire hardiment qu'il n'y a plus une seule Puissance au monde qui veuille ou imposer ou conseiller la paix allemande. C'est un résultat capital, dont on ne saurait grossir la signification. Toutes les Puissances du monde et le monde tout entier, dégoûté des méthodes deguerre allemandes, s'insurgent contre l'hypothèse de la victoire allemande. Nous allons enfin recueillir les bénéfices de notre modération, de notre retenue, de notre sagesse, de notre respect, devenu méritoire, du droit et de l'humanité. Jusqu'à présent, ils ne nous avaient valu que de rehausser, un peu platoniquement, notre cote morale. Mais voici qu'ils vont prendre une valeur positive, et la justice a retrouvé ses voies, quand tous les hommes conviennent qu'à aucun d'eux, rien d'humain, ni aucun bien, ni aucun mal, n'est étranger.

Que fait cependant l'Allemagne? Et que veut-elle? Elle ne serait plus l'Allemagne prussienne, si elle avait dépouillé sa duplicité et ne s'était ménagé quelque échappatoire. Aussi n'avait-elle pas manqué de s'en réserver une. Pour expliquer son dernier accès de délire, elle s'appuie sur ce que, dans sa note du 4 mai 1916, elle aurait mis les États-Unis en demeure d'abord d'obtenir, puis, au moins,de demander que l'Angleterre levât le blocus qui l'affamait. Oui, mais, dans sa riposte du 8, le gouvernement américain lui avait rabattu le caquet. Le blocus anglais est une chose, les torpillages allemands en sont une autre. « De telles affaires sont séparées et non collectives, absolues et non relatives. » Et l'Allemagne avait si bien compris, qu'à son tour elle n'avait pas répliqué ; si bien accepté l'injonction, qu'en fait, et pendant plusieurs mois, sa barbarie sur mer parut s'être un peu relâchée. Ensuite, au fur et à mesure que, malgré ses victoires de Roumanie, sa situation empirait, elle s'exaspéra de nouveau, s'énerva, sous l'aiguillon de ses difficultés intérieures, et s'hypnotisa sur l'idée d'arracher la paix aux belligérants par la terreur de la guerre aux neutres. Elle construisit des sous-marins énormes, monstrueux, plus énormes et en plus grand nombre encore sur le papier que sur le chantier. Mais, dès l'été, elle en avait au moins un, le *Deutschland*, qu'elle envoya, pour son baptême, en Amérique. Visite charmante, et dont le gouvernement des États-Unis goûta toute la délicatesse. En même temps, le comte Bernstorff et les quelques centaines d'auxiliaires qui sont, à des titres divers, attachés à son ambassade, assaillaient, harcelaient, circonvenaient à qui mieux mieux l'opinion américaine. Ne nous en plaignons pas. Leur indiscrétion ne nous a pas moins servi que la discrétion de nos diplomates, à nous, fidèles à une tradition qui, pour ne parler que des États-Unis, s'est perpétuée heureusement de M. Jules Cambon à M. Jusserand. Nous avons d'autant plus de plaisir, puisque l'occasion nous en est offerte, à leur rendre ce public hommage qu'on a pu, plus d'une fois, leur reprocher de s'être trop effacés. Mais ce n'est pas le seul cas, et Washington n'est pas le seul lieu où, en s'effaçant, ils ont laissé passer, et où, s'ils s'étaient, au contraire, trop montrés, on se serait peut-être rejeté en arrière. Ne pas se mettre en travers de la force des choses, qui sait si, dans les grandes crises, ce n'est pas le plus fin secret de l'art des hommes? Quoi qu'il en soit, l'art du comte Bernstorff, qui s'est pourtant mis en travers, n'a abouti qu'à le faire renvoyer, à faire rompre les relations diplomatiques, à amener l'Allemagne, suivant l'expression de M. Lansing, « au bord de la guerre avec les États-Unis ». Cette guerre avec un onzième ennemi, l'Allemagne l'aura si elle la veut; elle ne l'aura que si elle la veut, comme elle n'aura que si elle la veut, la provoque et la déchaîne, la guerre avec les autres États neutres. La voudra-t-elle, et si elle commet, par-dessus toutes ses folies, cette ultime folie, pourquoi? Notre raison ne peut deviner ses raisons. Est-ce pour ranimer la confiance évanouie, et déclencher, épileptique, le *furor teutonicus* que le maréchal Hindenburg invoque depuis six mois? Est-ce pour chercher cet unique moyen de salut qui serait de n'espérer plus aucun salut, de braver le ciel et la terre, de forcer et de violer la Fortune? Est-ce, plus simplement, comme le pensent les intéressés, le Danemark, la Hollande, pour voler un morceau de pain et se donner quelques semaines de vie en faisant main basse sur leurs approvisionnements? Plus simplement, encore, est-ce pour faire une fin sans égale, et ensevelir son orgueil dans l'immensité même du désastre, pour dire: « Que pouvions nous? Tout l'univers était conjuré contre l'Allemagne. Mais ce n'a pas été trop de tout son poids pour l'écraser. Qui donc, jamais ?... Quel autre peuple et quel autre empire, jamais ?... De l'apogée à la catastrophe, *Deutschland, Deutschland über alles !* »

Il y a là de quoi méditer, tandis que les événements militaires nous en laissent encore le loisir. L'espèce de trêve, à laquelle l'hiver a condamné toutes les armées, ne sera sans doute plus très longue. On se canonne vers Riga, dans les Carpathes, sur le Carso, sur tout le front occidental. Entre nous et les ennemis du droit, qui sont et qui doivent se sentir les ennemis du genre humain, le glaive tranchera. Mais nous marchons à eux, couverts, comme d'une armure de diamant, de la sympathie, de l'approbation, de l'aspiration universelle. Nous sommes désormais certains de pouvoir souffrir un quart d'heure de plus, puisque ce n'est pas à nous seuls ni pour nous seuls que nous souffrirons, et de tenir les derniers, c'est-à-dire de vaincre.

V

1er mars 1917.

L'ANNIVERSAIRE DE VERDUN. — LA PERSÉVÉRANCE BRITANNIQUE. — LE DÉSARMEMENT DES VOLONTAIRES GRECS. — DERNIÈRE INTRIGUE DES GERMANOPHILES D'ATHÈNES. — LES NEUTRES. MM. HAMMARSKJŒLD, WALLENBERG ET WILSON. — LA RAISON DU PLUS FORT. — LA DÉFENSE SPONTANÉE CONTRE L'INFILTRATION ALLEMANDE. — LA DOUBLE FACE DE L'ALLEMAGNE. — LE TRAITÉ DE COMMERCE DE 1799. — M. WILSON ÉVITE LE PIÈGE. — L'AVENIR DE L'ALLEMAGNE EST SUR L'EAU.

Nous attendons toujours ; un peu surpris, quoique il n'y en ait aucune raison, d'avoir vu revenir et passer, sans un événement qui marque, cette date du 21 février où, l'an dernier, Verdun fut attaqué avec une fureur sauvage, et dont notre patriotisme, aussi justement fier que profondément ému, a fait tout de suite une des grandes dates de notre histoire, une sorte de date fatidique. Les premiers jours de la bataille de Verdun, comme c'est déjà loin de nous, et comme c'en est encore tout près ! Comme cette impression s'est incorporée à notre être et a continué de vivre dans le souvenir de la nation ! Comme la France a bien senti que, sauvée sur la Marne, raffermie sur l'Yser, elle s'était, à Verdun, relevée et redressée ! La Marne l'avait rendue à elle-même, Verdun l'a restituée au monde, à sa vraie place et sous sa vraie figure. Aussi nous semblait-il qu'il ne pouvait pas y avoir, tant que dure la guerre, un nouveau 21 février qui ne fût chargé pour nous d'angoisses et d'espérances, qui naquît dans le calme relatif des matins et mourût dans l'indifférence ordinaire des soirs. Il a fallu nous représenter fortement l'inclémence exceptionnelle, si rigoureuse dans les tranchées, de la fin de janvier et du commencement de février 1917, pour comprendre qu'au retour des sanglantes et glorieuses journées il ne se soit, cette année, rien produit ; il faut aussi que nous nous disions que rien ne saurait se produire dans une telle guerre qui n'ait été longuement, patiemment, minutieusement préparé. Nous épions donc tous les signes. On avait cru noter, il y a quelques semaines, une plus grande activité de détachements en Alsace, sur le canal du Rhône au Rhin, et, des deux côtés, allemand et français, des mouvements de troupes dans la région. Si le fait même était exact, il n'a point jusqu'ici paru porter de conséquences. La seule entreprise de quelque importance a été celle de l'armée britannique en Picardie, sur l'Ancre. On voit reparaître des noms autour desquels le silence s'était fait : Sailly-Saillisel, Bouchavesnes, Beaucourt, Puisieux, Souchez, Givenchy, Vermelle, Neuville-Saint-Vaast, Neuve-Chapelle. Les Anglais ont, morceau par morceau, enlevé le village de Grandcourt, la ferme de Baillescourt, les positions de Miraumont. Ce ne sont, si l'on le veut, que des opérations de détail et modestement les communiqués officiels les présentent ainsi ; mais, dans chacune d'elles, il a été cueilli des centaines de prisonniers et réalisé une avance d'un kilomètre au moins en profondeur sur une largeur de plusieurs kilomètres. Si bien qu'en rassemblant et en relisant à la suite tous ces communiqués dispersés dans la quinzaine, l'idée vient qu'on a devant soi moins des opérations de détail que les détails d'une même opération, et que tous ces mouvements s'articulent. Sur toute son étendue, le front britannique, qui, généreusement alimenté, s'est à la fois allongé et épaissi, est en éveil. Pas plus qu'une hirondelle pour le soleil, une escarmouche, pour la bataille, ne fait le printemps ; mais toutes ces escarmouches dans le même moment l'annoncent.

A l'autre extrémité du champ de bataille universel, les armées de la Grande-Bretagne sont également en pleine action. Elles travaillent énergiquement à venger, sur le Tigre, dans Kout-el-Amara même, la défaite héroïque du général Townshend, donnant un exemple de plus de la persévérance anglaise, digne de la constance romaine. Cette haute et solide vertu est ce qui fait l'Angleterre si formidable ; très lente à se lever, elle est encore beaucoup plus lente à se rasseoir, et, quand elle tient, elle ne lâche plus. Elle ne s'engage qu'à bon escient, en pesant le pour et le contre, en examinant tout et comme en se défendant ; mais alors elle s'engage tout entière, corps et âme, vie et biens, et le temps ne compte pas plus pour elle que l'argent. Ce qui lui avait le plus coûté jusqu'à présent, ce qu'elle était historiquement habituée à épargner, c'étaient les hommes de son sang ; par une révolution dont ceux qui la connaissent le mieux l'avaient longtemps estimée incapable, elle les risque aujourd'hui par millions dans ce conflit où elle jette l'or par milliards. La cavalerie de Saint-Georges a désormais une infanterie. Une nouvelle force est née qui ne fera que grandir, et en quelque manière une nouvelle puissance parmi les Puissances européennes. L'Angleterre, avec une armée, devient en quelque manière une nation continentale. L'instinct allemand ne se trompe pas absolument en cherchant à Londres le centre de la guerre.

Le front italien, le front roumain et le front russe, à part les canonnades accoutumées et quelques fusillades accidentelles, subissent aussi la trêve qu'impose partout la nature. Tandis que Hindenburg et son chef d'état-major Ludendorff se déplacent beaucoup, et qu'on fait beaucoup voyager Falkenhayn, au moins en imagination, Mackensen reste immobilisé au bord du Sereth. On aurait pourtant signalé l'apparition sur le front de Macédoine d'un contingent allemand auquel auraient eu affaire les Italiens, et d'un contingent autrichien qui se serait heurté, désagréablement pour lui, à nos propres troupes. Mais qu'est-ce au juste que ce contingent, et qu'y a-t-il derrière? Y a-t-il même quelque chose derrière? N'est-ce pas tout simplement un feu qu'on allume sur les monts Bélès, dans le dessein qu'il soit aperçu d'Athènes et qu'il y soit pris pour un incendie? Car les guetteurs, à Athènes, sont sur la tour. Nous savons de quelle main délicate nous sommes obligés, si nous voulons y toucher, d'effleurer ce sujet, et nous allons l'expédier rapidement. Pourtant, il nous sera peut-être permis de dire, puisqu'une démarche diplomatique l'a constaté, que le transport des troupes grecques et de leur matériel dans le Péloponèse, qui devait être terminé le 4 février, ne l'était pas le 20 ; ce qui a valu à M. Lambros les visites séparées, d'abord de sir F. Elliott pour l'Angleterre, puis de M. Guillemin pour la France, ensuite du prince Demidoff et du comte Bosdari pour la Russie et pour l'Italie : quatre instances au lieu d'une, et le résultat fera voir si c'était le meilleur procédé. Quoi qu'il en doive être, chacun dans sa langue et dans son style, les ministres de l'Entente n'ont probablement pas manqué de demander à l'homme d'État archéologue de quelle époque exactement sont les canons ou certains des canons qui ont été remis : il est toujours bon de s'instruire. Ils lui auront demandé, en outre, où sont les fusils dont le passage par l'isthme de Corinthe n'a pas été contrôlé, et pour cause; comment il se fait que l'evzone grec s'est trouvé soudain transformé en milicien suisse, ayant son armement, son équipement, son fourniment à domicile; par quel miracle, au rebours de ce qui est généralement admis, que l'armée se recrute dans le civil, c'est la population civile, en Grèce, qui tout à coup s'est recrutée dans le militaire; pourquoi, les régiments ayant fondu, il n'en est demeuré que les dépôts, que l'état-major des Dousmanis et des Metaxas voulait soigneusement maintenir ; et pourquoi, enfin, il a poussé en un clin d'œil tant de gendarmes en Thessalie et en Épire. Assurément, Edmond About n'eût pas été embarrassé de fournir la réponse à cette dernière question, et elle eût été consolante : s'il y a plus de gendarmes, c'est pour qu'il y ait, ou, peut-être, parce qu'il y a moins de brigands. Mais les diplomates, qui ne sont pas des romanciers, se rappellent que, selon la convention, les gendarmes ne sont point soumis, comme l'armée elle-même, à la concentration au delà du canal, et ils en concluront sans fantaisie que, s'il y a dans la Grèce du Nord plus de gendarmes, c'est pour qu'il y ait dans le Péloponèse moins de soldats. Cependant M. Lambros gémit ; il se plaint des sévérités du blocus, comme si ce blocus n'avait pas été institué six mois trop tard, provisions faites, et comme si l'humanité, facilement attendrie, de nos ministres et de nos marins n'en avait pas, à plusieurs reprises, desserré les mailles ! Le gouvernement grec eût voulu qu'à peine sa signature donnée, et le premier train militaire passé, avec un soldat à chaque portière, le blocus fût non seulement relâché, mais levé ; et il eût pratiqué amplement, d'une conscience sereine, le pardon des injures qu'il nous avait faites. Le Roi n'en aurait été que plus tranquille pour relire le récent télégramme qu'il aurait reçu, dit-on, de son impérial beau-frère : « Tout ce que je te demande, à cette heure, c'est de conserver ton trône. » Mais nous, bien que nous n'en ayons pas l'original, si le texte de ce télégramme est authentique, — et il nous paraît suspect, — ne pouvons-nous pas aussi le relire, ne saurons-nous pas le comprendre, et ne devons-nous pas nous en inspirer?

La Grèce officielle, dont les yeux sont alternativement fixés sur Monastir et sur la vallée de la Strouma, les avait un instant tournés vers l'Amérique. Elle avait fait ou permis, dans les manifestations de la tourbe athénienne, un étrange et outrageant abus du drapeau aux étoiles. C'est à l'adresse des États-Unis qu'elle avait affecté de grands airs de victime, et que, parodiant indignement l'attitude de la Belgique, comme si sa conduite, sa tenue, son infortune étaient pareilles, comme si elle avait eu la même conception de l'honneur, du devoir et du sacrifice, elle avait feint d'être traînée attachée au char d'un vainqueur qu'elle avait appelé en ami. La subtilité des enfants d'Ulysse (si tant est que la race s'en soit conservée pure), spéculant sur les plus nobles aspirations de l'âme américaine, s'était ingéniée à apitoyer sur les misères de la Grèce contemporaine les admirateurs de la Grèce antique. Nulle part la résolution du Président Wilson n'a causé une déception plus forte. Le gouvernement hellénique a senti qu'en joignant, peu de semaines auparavant, sa réponse à celles des Empires du Centre et de leurs alliés, il avait, en réalité, répudié, une fois de plus, sa neutralité menteuse, joint sa cause à la leur et lié son sort au leur. En somme, l'Allemagne ne venait pas, et l'Amérique s'éloignait. La Grèce avait à prendre sa part de la rupture, comme elle avait tenu à prendre sa part de la conversation. Elle en a été visiblement abasourdie et a eu besoin, pour se remettre, des assurances et des encouragements de Berlin. Il reste, dans tous les cas, que cette nouvelle trame est déchirée, et que la dernière intrigue des germanophiles d'Athènes (mais ce n'est jamais la dernière) aura été aussi vaine que les précédentes.

Pendant que se dessinaient autour de lui tant de marches et contre-marches tortueuses, M. Wilson, fort, à l'avenir, d'une décision inébranlable, allait tout droit son chemin. Il continuait de recevoir les réponses des États neutres, à qui il avait fait appel ; après la fière réponse de l'Espagne, celles, plus timides, des voisins de l'ogre épouvantés, des États scandinaves, de la Suisse, de la Hollande ; celles, plus fermes, de l'Argentine, du Chili, de l'Uruguay ; celle, très nette, du Brésil. Les États scandinaves ont même répondu deux fois ; une première fois par note particulière, et une deuxième par note collective. La note particulière de la Suède était un peu sèche, et ce n'est pas la juger mal que d'en estimer le ton un peu pointu, comme si M. Hammarskjœld, autre professeur de droit public, s'y était donné le plaisir de faire la leçon à son ancien collègue, M. Woodrow Wilson, personnellement ou par l'intermédiaire de son ministre des Affaires étrangères, M. Wallenberg

« Afin d'obtenir un résultat pratique, rappelait-il, le gouvernement royal s'est adressé à plusieurs reprises aux Puissances neutres pour arriver à une collaboration. Il n'a pas omis, notamment, de soumettre au gouvernement des Etats-Unis des propositions à cet effet. A son regret, le gouvernement du Roi a constaté que les intérêts des Etats-Unis ne leur ont pas permis d'adhérer à ces propositions. » Et ce n'est pas seulement, comme on pourrait le croire, une querelle de priorité. M. Wallenberg n'entend point appuyer l'initiative de M. Wilson, il le déclare en termes presque brutaux : « La proposition qui forme l'objet de la présente correspondance a pour but indiqué d'abréger les maux de la guerre. Mais le gouvernement des États-Unis a choisi comme moyen d'arriver à ce but un expédient absolument contraire aux principes qui ont guidé jusqu'à cette heure la politique du gouvernement royal. » Admettons que ces principes soient, puisque le ministre l'affirme, ceux d'une neutralité et d'une impartialité parfaites vis-à-vis des deux parties belligérantes, mais ne perdons pas de vue qu'à l'occasion de la rupture des relations diplomatiques entre les États-Unis et l'Allemagne la campagne « activiste », c'est-à-dire progermaine, a poussé en Suède une flamme, a accusé une recrudescence notable. Non pas que l'Allemagne y ait gagné des sympathies, mais elle a jeté dans la balance tout ce qu'elle a pu pour rétablir chez les neutres l'équilibre rompu à son détriment. Elle a agi de même en Norvège, en

Danemark, en Hollande, essayant de détourner contre l'Angleterre le courant déchaîné contre elle-même ; et la trace de ses efforts se voit aussi dans la réponse de la Suisse, en un passage ainsi conçu : « Le blocus maritime décrété par le gouvernement de l'Empire allemand *fait suite à une série de mesures prises durant la guerre par les deux parties belligérantes en contradiction avec le droit des gens et les accords internationaux*, mesures par lesquelles notre liberté d'action en matière économique s'est déjà trouvée restreinte et contre lesquelles nous avons vainement élevé la voix. » Le *Lokal-Anzeiger*, qui est, pour les besognes de confiance, l'organe préféré de la Chancellerie, l'a signifié cyniquement aux neutres. Le grand moyen de l'Empire allemand, le seul peut-être dont il dispose pleinement et qu'il puisse encore développer, c'est la terreur. Donc, que tout tremble, et que tout cède. Ecoutez ces choses charmantes, — mais tous ces petits États, secoués dans leurs fondements, tirés par leurs racines, menacés sur la terre, dans le ciel et sous la mer, ne les entendent que trop : — « Nous savons que vous serez toujours du côté du vainqueur, imprimait le *Lokal-Anzeiger* du 1er février, le jour même de la reprise à outrance de la guerre sous-marine. Vous pourrez nous haïr, mais vous nous craindrez, et cela tient lieu d'amitié. C'est toujours devant la raison du plus fort que le monde s'est incliné. » Oui, ce sont de vieilles maximes ; mais elles ont leur point délicat, qui est qu'elles condamnent leur Prince ou leur État à être toujours le plus fort : « Les hommes n'aiment qu'à leur gré, écrivait l'autre, mais ils craignent au tien ; par conséquent, il vaut mieux pour toi être craint qu'aimé. » La revanche de la morale est que ce n'est vrai que d'un temps ; et que, de tous les temps de ce monde, il n'en est pas qui passent et qui changent plus vite, heureusement, que les temps de la force. Sans quoi, il suffirait d'un siècle de prédominance allemande, pour rendre inhabitable ce qu'elle n'aurait pas rendu désert. Quel État, plus que ces petits États neutres, suspendus pour ainsi dire à la ceinture de l'Allemagne comme une réserve pour sa faim, peut, dans l'intimité des cœurs, aspirer à la défaite de l'Empire, qui seule assurera sa propre libération ? Autre chose pourtant est d'aspirer et de soupirer, autre chose est de le laisser voir.

La force monstrueuse de l'Allemagne ne vise et ne va à rien de moins qu'à tuer ou paralyser toute vie et toute souveraineté à son ombre. Mais l'ombre, qui n'a jamais couvert toute l'Europe, et qui déjà y décroît, ne s'étend pas du tout sur l'autre hémisphère. Là, on ne hait pas, mais on ne craint pas non plus, et il n'y a pas de peur, de calcul ou de prudence qui puisse tenir lieu d'amitié. C'est du Brésil qu'était partie l'éloquente protestation de M. Ruy Barbosa, contre les violations du droit, et le Sénat l'avait faite sienne par une délibération solennelle. C'est du Brésil que part à nouveau pour Berlin cet avertissement sans ambages : « Dans de telles circonstances, et en observant invariablement les mêmes principes (le respect rigoureux des règles de neutralité, le droit, dont il a toujours usé, de réclamer dans les cas concrets où les intérêts brésiliens se trouvent en jeu), le gouvernement brésilien, après avoir examiné la teneur de la note allemande, déclare qu'il ne peut accepter comme effectif le blocus qui vient d'être subitement décrété par le gouvernement impérial... Malgré son vif et sincère désir d'éviter toute divergence avec les nations amies actuellement en guerre, il croit qu'il est de son devoir de protester contre ce blocus, comme effectivement il proteste, et, par conséquent, de laisser entièrement au gouvernement impérial allemand la responsabilité de tous les faits où se trouvent mêlés des citoyens, des marchandises ou des bateaux brésiliens, dès qu'on aura constaté le mépris des principes reconnus du droit international ou des conventions signées par le Brésil et l'Allemagne. » Ce que l'Allemagne, avec ses prétentions et ses méthodes de guerre, a blessé chez les neutres, particulièrement là où a coulé, où s'est transmise une goutte de sang latin, — *Latin sangue gentile*, — c'est une civilisation plus ancienne, qui a franchi plus d'étapes et qui s'est mieux assimilée, c'est l'humanité plus fine que forme la culture des « humanités », c'est le sens héréditaire du droit. Elle est réapparue à l'homme latin, gentilhomme, galant homme ou simplement honnête homme, telle qu'elle apparaissait à Pétrarque, comme la « race revêche », — *gente ritrosa*, — et la traduction est un peu faible ; il faudrait dire la race impénétrable à tout ce qui, par le travail des siècles, est devenu notre être et dont nous vivons. Il est, à cet égard, curieux et il nous est agréable de noter, parce que le fait pourra et devra avoir des conséquences, que les réponses de ces nations de même sang ont un accent très caractéristique, et que, tandis que d'autres hésitaient sur la voie à suivre, elles trouvaient d'instinct leur position.

Ainsi, à l'exception d'une poignée de germanophiles impénitents qu'aveuglent (et c'est le motif le plus honorable) des passions fanatiques, toute l'Espagne politique, tous les chefs de partis, M. Dato pour les conservateurs, M. Lerroux, pour les radicaux catalans, M. Melquiades Alvarez pour les réformistes, et tous les journaux qui ont un passé, une tradition, une autorité, se sont maintenant rangés derrière le comte de Romanones. Neutralité, c'est entendu, mais pas jusqu'à l'abdication. Nous évoquions ou alléguions tout à l'heure l'appel du sang, l'instinct de la race. Il y a certainement aussi l'instinct de la défense personnelle. Les pays qui ont le plus vivement réagi contre l'insolence, la tyrannie allemande, sont aussi ceux où les Allemands se sont abattus, dans lesquels ils se sont installés, comme chez eux, par cette espèce d'infiltration qui est, de leur part, une préface et déjà un équivalent de l'invasion ; les États-Unis, où ils ont afflué par millions ; le Brésil, dont ils ont germanisé deux États ; l'Espagne, qu'ils ont couverte d'espions, au point qu'un bateau ne peut sortir d'un port sans être d'avance désigné aux torpilles de leurs sous-marins. Tel était le tableau de l'Italie, avant le mois de mai 1915, et même après la déclaration de guerre à l'Autriche ; tel était encore l'aspect de Bucarest et de la Roumanie à la fin d'août 1916. Pour l'Empire allemand, l'immigration fait partie de la préparation militaire, et la résidence chez les neutres est la première des opérations de guerre.

Vis-à-vis des États-Unis, au lendemain de la rupture des relations diplomatiques, l'Allemagne s'est enfoncée dans son double jeu : on sait qu'elle ne le renouvelle guère. Nous l'avons trop souvent décrit pour nous permettre d'y revenir encore. C'est ce qu'on a, par une comparaison expressive, appelé « le système de la douche écossaise » ; verser alternativement le chaud et le froid ; faire se succéder la caresse et la menace ; et, pour user d'une autre comparaison, présenter tour à tour la cravache et le morceau de sucre. Ou plutôt les présenter à la fois, l'un d'une main, l'autre de l'autre, une main tendue, l'autre retournée, pour que l'on voie l'un du dedans, et que, du dehors, on voie l'autre. La Chancellerie allemande a toujours deux séries de documents, comme la presse allemande a toujours deux séries d'articles. Dès que l'on connut à Berlin la décision du Président Wilson, on fit mine de crier au malentendu. On offrit des explications qui ressemblaient beaucoup à des excuses. On inonda l'Amérique de dépêches d'agences et de radio télégrammes sur les dispositions pacifiques, amicales, affectueuses de l'Empire. On feignit de s'intéresser, comme à un cas intellectuel bizarre, à

« l'erreur » de M. Wilson, mais doucement, sans la lui reprocher, sans récriminer, en le flattant, pour le corriger par la persuasion. En même temps, à l'intérieur et pour les neutres les plus voisins, pour les Scandinaves, les Hollandais, les Suisses collés aux vitres, qu'il importait de contenir par l'effroi, on faisait la face féroce. L'Allemagne ne bougerait pas d'une ligne, ne romprait pas d'une semelle, ne retirerait pas un mot. Elle n'aurait d'égards à rien ni à personne. Si quelqu'un n'était pas content, elle l'enverrait le dire à l'Angleterre. Cependant, ce n'était pas ce qu'elle-même disait ou faisait dire aux États-Unis ; et c'est vraiment parmi ses hommes d'État qu'il faut chercher sinon le « profond politique », au moins l' « hypocrite raffiné ». M. de Stumm, sous-secrétaire d'État à l'office impérial des Affaires étrangères, dûment stylé par son chef, M. Zimmermann, et renseigné par une demi-douzaine de « conseillers intimes actuels », docteurs, professeurs, Excellences, ou gens très désireux de le devenir, découvrait, le 10 février, « qu'il existe entre la Prusse et l'Amérique le traité du 11 juillet 1799, demeuré valable pour l'Empire. Aux termes de ce traité, les négociants allemands en Amérique peuvent demeurer, en cas de guerre, encore neuf mois dans le pays ; ils peuvent faire rentrer leurs créances et liquider leurs affaires. En outre, il leur sera permis de quitter le pays sans être empêchés d'emporter avec eux toute leur fortune, sans être gênés ni molestés. Ce qui est valable en temps de guerre est naturellement valable à plus forte raison pour le cas de la rupture des relations diplomatiques qui a eu lieu, à notre regret, entre l'Amérique et nous, sans que l'Allemagne en ait donné le motif, car nous n'avons pas violé nos promesses... etc. » Le surplus est du plaidoyer, et c'est la perpétuelle rengaine ; mais admirons, comme il convient, cette argumentation spécifiquement allemande, mélange d'astuce et de pédanterie ; l'exhumation faite à point de ce vieux traité de 1799 et l'utilité immédiate que l'on en tire. Aussitôt, toutes les Universités, tous les « séminaires » historiques, tous les bureaux d'érudition se sont lancés sur cette piste, et, de découverte en découverte, on a fini par établir que ce bienheureux traité avait été « préparé par les pères de la République américaine et par le roi-philosophe » ; que ce serait donc une impiété de considérer comme aboli ou périmé ce monument d'une suprême sagesse.

Eh ! quoi, en 1799, un traité « préparé par le roi-philosophe », mort treize années auparavant, en août 1786 ? Cela valait la peine de recourir au texte ; et, comme on va le voir, il était utile d'y regarder. En effet, le préambule du « Traité d'amitié et de commerce entre la Prusse et les États-Unis d'Amérique, conclu à Berlin le 11 juillet 1799 » et signé par le comte Charles de Finkenstein, le baron Philippe d'Alvensleben, le comte Henri Kurt de Haugwitz, d'une part, et, de l'autre, par John Quincy Adams, porte bien : « Sa Majesté le roi de Prusse et les États-Unis d'Amérique, désirant maintenir sur un pied solide et durable les relations de bonne intelligence qui ont subsisté entre les deux États, sont convenus, à cette fin, de renouveler le traité d'amitié et de commerce conclu à La Haye, le 10 septembre 1785, entre les deux Puissances, pour le terme de dix ans. » Mais l'Allemagne n'invoque que l'article 23. Il y en a d'autres. Il y a surtout l'article 15 qu'elle eût été sage de méditer : « Pour prévenir... tout désordre ou violence, si les bâtiments de la partie neutre, naviguant sans convoi, sont rencontrés par un vaisseau d'État ou corsaire de l'autre partie, ce dernier ne pourra envoyer que deux ou trois hommes à bord du bâtiment neutre, pour examiner ses passeports et autres papiers. Toute personne appartenant à un vaisseau de guerre, soit vaisseau d'État, soit corsaire, qui offenserait d'une manière quelconque les équipages ou endommagerait les vaisseaux ou effets de l'autre partie sera responsable, corps et biens, des dommages et intérêts. » Et il y a encore l'article 24, qui s'offre aux réflexions de l'Allemagne impériale : « Pour prévenir le dépérissement auquel seraient exposés les prisonniers de guerre, si on les transportait dans des pays éloignés et rigoureux, ou s'ils étaient accumulés dans des lieux fermés et malsains, les deux parties contractantes s'engagent solennellement, devant l'univers, à ne prendre aucune mesure de ce genre. »

Il y avait enfin l'article 19, où il était dit : « Cependant, en conséquence des traités subsistants entre les États-Unis et la Grande-Bretagne, aucun bâtiment qui aura fait une prise sur des sujets de cette dernière Puissance ne sera en droit de se réfugier dans les ports des États-Unis. S'il y est poussé par la tempête ou par un accident de mer, il devra remettre à la voile le plus tôt possible. » Mais cet article a été abrogé par l'article 12 du « Traité de commerce et de navigation entre la Prusse et les États-Unis d'Amérique, signé le 1er mai 1828 », autre résurrection de la Chancellerie. Celui-là, qui serait sans grand intérêt, s'il ne contenait quelques dispositions relatives aux conditions du blocus, dont l'Allemagne espérerait éventuellement se servir, il est probable qu'elle n'a voulu le faire revivre qu'à cause de l'article 12, qui lui-même faisait revivre les clauses favorables des traités de 1785 et de 1799, et qui en effaçait les autres : « L'article 12 du Traité d'amitié et de commerce conclu entre les Parties en 1785 et les articles 13 et suivants, jusqu'à l'article 24, inclusivement, du Traité conclu à Berlin en 1799, en en exceptant le dernier paragraphe de l'article 19 touchant les traités avec la Grande-Bretagne, sont remis en vigueur et auront la même force et valeur que s'ils faisaient partie du présent traité.» De plus, le traité du 1er mai 1828 était stipulé valable « pendant douze années, à compter du jour de l'échange des ratifications » ; mais si, « douze mois avant l'expiration de ce terme, ni l'une ni l'autre des Hautes Parties contractantes n'annonce à l'autre, par une déclaration officielle, son intention d'en faire cesser l'effet, le dit traité restera obligatoire pendant un an au delà de ce terme, et ainsi de suite jusqu'à l'expiration des douze mois qui suivront une telle déclaration, à quelque époque qu'elle ait lieu. » Voilà la machination ; c'est toute l'histoire de l'évocation des traités de 1828, de 1799 et 1785, des « Pères de la République américaine » et de la mémoire « du roi-philosophe ». Nous osons dire que c'est une bonne histoire. Comme le traité de 1828 n'a pas été dénoncé, en forme officielle, « douze mois avant son expiration », l'Allemagne, qui s'est substituée à la Prusse, soutient que, pour ce traité et pour les parties qu'il a relevées des deux traités antérieurs, il y a toujours eu tacite reconduction, de sorte qu'il n'a jamais cessé d'être en vigueur. Toutefois, elle n'en est pas très sûre. Elle est même sûre du contraire. Et la preuve, c'est qu'entre temps elle a fait proposer de nouveaux arrangements au département d'État de Washington, par l'intermédiaire candide du ministre de Suisse, le docteur Ritter. Ici encore elle se répète. Le prince de Bülow ne fit pas autre chose avant de quitter Rome. Mais lui, il réussit. Les relations diplomatiques rompues, il demanda et obtint la fameuse « convention commerciale » qui ne fut dénoncée que lorsque l'Italie, conduite par la nécessité, eut déclaré la guerre à l'Allemagne, un an après sa déclaration de guerre à l'Autriche.

M. Wilson a éventé ce double piège, le piège des anciens traités et le piège du traité nouveau. Il est passé à travers cette toile d'araignée, comme il passera à travers toutes les toiles, gardé par sa droiture d'esprit et de cœur, par sa probité même. Peu à peu la situation se dessine. La nation américaine se masse derrière lui. Déjà il a manié de ses doigts experts le Sénat, ce grand ressort politique de la Confédération ; il en a, à deux reprises, obtenu l'assentiment : une première fois l'approbation de la rupture, par 78 voix contre 5 ; une seconde fois, par 60 voix contre 10, le vote du projet de loi contre l'espionnage, et l'autorisation « de saisir, retenir ou détruire les munitions et tous vaisseaux les transportant, à destination de l'ennemi de toute nation avec qui les États-Unis sont en relations pacifiques ». C'est clair en soi, mais le Président tient à percer, à crever toute équivoque. Il veut le grand air et le grand jour. Une partie de la manœuvre était qu'ayant rompu avec l'Allemagne, les Etats-Unis fussent pourtant encore en relations avec l'Autriche-Hongrie. Ne se prévalait-on pas de ce que M. Grew, premier secrétaire de l'ambassade des États-Unis à Berlin, venait d'être nommé conseiller d'ambassade à Vienne, et de ce que le comte Tarnowski, récemment envoyé comme ambassadeur d'Autriche aux États-Unis, était toujours à Washington, où d'ailleurs il n'a pas remis ses lettres de créance, pour n'avoir pas à remettre aussi la réponse de son gouvernement à la notification de la rupture avec l'Allemagne? De même le comte Szecsen était resté à Paris jusqu'au 9 août 1914. Le malheur est que M. Wilson a maintenant posé carrément la question. Le comte Tarnowski ne saurait l'esquiver. Il va falloir ou qu'il parle, ou qu'il parte. Le comte Bernstorff et deux cents personnes de sa suite sont déjà sur la mer, où l'Empereur allemand annonce, les sourcils froncés, que son « vieux Dieu » a mis ses colères.

Il n'y a pas encore fait le vide. « Du 1er au 18 février, disait hier à la Chambre des Communes le premier lord de l'Amirauté, sir Edward Carson, 6.076 navires sont entrés dans les ports du Royaume-Uni et 5.873 en sont partis. L'inefficacité du blocus allemand est d'autant plus évidente, si on ajoute que, à n'importe quel moment, le nombre des navires qui se sont trouvés dans la zone dangereuse n'a été inférieur à 3.000. » Parmi ces milliers de navires, il en est cinq dont on ne saurait détacher les yeux : trois brésiliens et deux américains, l'*Orléans* et le *Rochester*. Ils sont partis, arriveront-ils ? De gros paris sont engagés. Mais ce sur quoi l'on parie, ce n'est pas seulement sur le sort de ces bateaux ; c'est sur la force de l'Allemagne, sur ce qu'il lui reste de force et ce qu'il lui est permis de volonté. Les cinq navires portent beaucoup plus que la barque qui porta César et sa fortune. En un certain sens, et dans une certaine mesure, on peut dire qu'ils portent la fortune du monde. Et en un certain sens aussi, qui n'est pas celui que Guillaume II avait prévu, on peut dire que « l'avenir de l'Allemagne est sur l'eau ».

VI

15 mars 1917.

VICTOIRES ANGLAISES EN OCCIDENT ET EN ORIENT. — LES VARIATIONS DE L'ÉTAT-MAJOR ALLEMAND. — RECONNAISSANCES, COUPS DE MAIN, PRÉPARATIFS. — IL S'AGIT DE GAGNER LE DERNIER QUART D'HEURE. — MANŒUVRES ALLEMANDES EN AMÉRIQUE. — LE BILL SUR LA NEUTRALITÉ ARMÉE. — SCRUPULES JURIDIQUES. — ENCORE UNE MAXIME ALLEMANDE. — LE MONDE ENTIER CONTRE L'ALLEMAGNE.

Il n'est que juste de commencer la chronique de cette quinzaine par un hommage aux armées britanniques, qui, aux deux bouts du vaste champ de bataille, en Occident et en Orient, sur l'Ancre et sur le Tigre, ont fait de si beau travail et remporté de si beaux succès. Les Allemands, à l'ouest de Bapaume, tout comme les Turcs au nord de Kout-el-Amara, battent en retraite devant nos alliés ; et les Turcs, tout comme les Allemands, jurent leurs grands dieux, ou leur grand Dieu, — car il n'y a pour eux qu'un Dieu, mais c'est le leur, — que cette retraite est volontaire. Ils vont même plus loin, de toute manière : ils assurent, avec cette gravité dont, là-bas, un homme en place ne se départ jamais, que les Anglais l'ont complètement ignorée, non seulement avant et pendant, mais après, ce qui est pourtant difficile à faire croire, fût-ce à un peuple qui a toujours aimé les contes où les héros, mis en situation embarrassante, sont tout à coup enveloppés d'un nuage et rendus miraculeusement invisibles. Le Ludendorff d'Enver pacha, en rédigeant son communiqué, n'a oublié qu'un petit détail : les deux mille prisonniers ottomans tombés aux mains de l'ennemi, avec des mitrailleuses, des fusils, un important matériel de guerre. Mais, du moment que c'était sans s'en apercevoir et sans que les Anglais s'en fussent aperçus, le fait, évidemment, perd beaucoup de son intérêt. C'est certainement aussi sans s'en douter que les troupes du général Maude se sont trouvées portées, par une nouvelle avance, à quelques étapes de Bagdad, comme c'est sans y avoir songé que les Russes, qui opèrent en Perse, ayant repris Hamadan, à mi-chemin entre Téhéran et Kermanchah, sont maintenant au carrefour des principales routes d'une région à laquelle, pour des raisons diverses, le Sultan et l'Empereur, Méhémet et Guillaume, semblaient devoir tenir également. L'état-major allemand, quoique de peu de pudeur, n'a tout de même pas osé aller jusqu'à ce degré dans la fantaisie ; il accorde que le maréchal sir Douglas Haig et son lieutenant le général Gough ont bien pu constater sa retraite en Picardie, quand elle a été terminée; ce n'est qu'avant et pendant qu'elle leur aurait échappé. Mais on pense s'il épilogue : il n'a pas reculé, il manœuvre. Nous-mêmes, on a beau dire que nous « sous-estimons » ou « sous-évaluons » parfois nos adversaires; l'astuce, et pourquoi ne pas le reconnaître? la science militaire des Allemands nous en ont fait voir de tant de sortes et de tant de couleurs que, d'instinct, nous nous sommes méfiés. Cette facilité à rompre, ce terrain cédé sans défense, ces lignes solides subitement abandonnées pour une ligne qui ne les vaudrait pas, tout cela ne nous paraissait pas naturel. Plus d'un, chez nous, et plus d'un qui est du métier, — nous en avons vu, — a interrogé ses cartes, cherchant à pénétrer le mystère : peut-être les Allemands allaient-ils, lorsque l'armée britannique, à son tour, formerait un saillant, l'attaquer en même temps de front et sur son flanc droit. Et l'on entrait dès lors dans la série infinie des « peut-être », qu'à la guerre, d'ailleurs, et en face d'un vieux routier comme Hindenburg, il est prudent de parcourir tout entière. Peut-être le maréchal raccourcissait-il le front allemand pour constituer une armée de choc qu'il se proposait d'employer autre part, soit contre nous, soit, en reprenant son jeu favori, en poussant à leur plein rendement ses chemins de fer, contre tel ou tel de nos alliés. Peut-être préparait-il, et même commençait-il à exécuter son offensive, ou peut-être simplement voulait-il retarder la nôtre, celle des Anglais du moins, en dérangeant leur plan et les obligeant ainsi à refaire leurs propres préparatifs. Peut-être était-ce, en somme, une façon de nous arracher et de s'assurer l'initiative des opérations désormais prochaines. Il va de soi que l'état-major impérial ne nous l'a pas dit, mais il ne l'a pas dit davantage à l'Allemagne elle-même, à qui il a cependant éprouvé le besoin de dire toute sorte de choses.

C'est un aussi grand argument contre les états-majors que contre les églises et les gouvernements, que l'histoire de leurs variations. Or, depuis quinze jours, le Grand Quartier allemand n'a cessé de varier. Il a d'abord allégué la boue, « la vase » de ses tranchées; et il se peut en effet que l'argile des marécages de l'Ancre soit un séjour peu confortable; mais les Anglais, qui passent pour aimer leurs aises, s'y sont néanmoins installés; à vue de pays, il serait extraordinaire qu'il y eût tant de « vase » sur la butte de Warlencourt, par 122 mètres d'altitude. Et puis, de fil en aiguille, au bout de dix autres versions, l'état-major impérial a fini par invoquer son génie, les feintes dont il se couvre quand il va être le plus malin. Attendons l'illumination. Pour nous, notre incertitude est venue de ce que nous avons cherché le motif auquel ont obéi les Allemands en eux plutôt qu'en nous, de leur côté plutôt que du nôtre, et de ce que nous n'avons pas immédiatement rattaché le fait à ses causes. Une des causes, c'est tout bonnement la supériorité prise, peu à peu, dans ce secteur, par l'armée anglaise, notamment par l'artillerie anglaise; c'est un « marmitage » de six mois, qui a retourné le sol, nivelé les remblais, pulvérisé les abris; si bien qu'au bout du compte, les Allemands sont partis pour la raison qui forcera toujours tout le monde à partir, parce qu'ils n'ont pas pu rester. Et le fait, c'est qu'ils sont partis; c'est qu'ils ont reculé, — même s'ils persistent à soutenir qu'ils n'ont fait que manœuvrer en arrière, — de trois à cinq kilomètres en profondeur sur un front de plus de vingt kilomètres; c'est que le nombre des villages français libérés dans cette région a été, par ce fléchissement, porté à plus de soixante; c'est encore que, depuis la bataille de la Marne, on n'avait plus jamais ou presque jamais atteint d'un coup un pareil résultat. Le reste ne peut être qu'hypothèses, et il y en a une qu'il ne nous déplairait pas de retenir. Ce serait que, dans la mesure où les Allemands sont demeurés maîtres de leur repli, ils aient voulu éprouver, par une expérience qui pourrait être répétée plus en grand, le moral de leur nation, pour le jour où ils seraient contraints, en restreignant le territoire occupé, de resserrer la « carte de guerre ». Mais ne forçons pas le fait, qui, tel qu'il est, nous suffit provisoirement, et qui n'a peut-être pas achevé de développer ses conséquences.

Les autres fronts sont calmes ou assez calmes, mais dans une atmosphère toujours et de plus en plus lourde. Partout se multiplient les signes de l'action qui se rapproche, sauf sur le front roumain et le front macédonien, en sommeil, à cause, sans doute, de l'état du terrain, ou parce que la tempête prend décidément une autre direction. Sur le front occidental, ou, plus exactement, sur la partie de ce front tenue par l'armée française, on en est quotidiennement aux reconnaissances, aux engagements de patrouilles, aux coups de main, aux premiers accrochages de la bataille. Nous enlevons un jour, on nous enlève le lendemain, et le surlendemain nous reprenons quelque élément de position avancée, d'où nous ramenons des prisonniers. Il en est ainsi entre l'Oise et l'Aisne, en Champagne, au nord de Verdun, dans les Vosges, de telle sorte que quelque chose d'énorme s'ébauche, sans que rien encore soit nettement dessiné. On signale de grosses concentrations alternativement en Alsace et en Belgique. Est-ce Belfort qui serait visé ? Est-ce Calais? Ou nos deux ailes ensemble? Et nous, pourquoi resterions-nous passifs ? Les états-majors impériaux, l'allemand et l'autrichien, se remuent et on les remue beaucoup. Hindenburg et Ludendorff, Falkenhayn, l'Empereur en personne sont apparus, sur notre front, au moins dans les télégrammes de certaines agences, qui les avaient suivis auparavant sur l'Isonzo ou le Carso, inspectant le front italien. Ce qui est sûr, public et officiel, c'est que le maréchal Conrad von Hoetzendorff a été remplacé dans ses fonctions de chef d'état-major général par son collègue, le moins malheureux des généraux autrichiens, Von Arz ; et comme le même rescrit qui le destitue lui promet d'autres destinées, on en conclut qu'ayant passé toute sa carrière à méditer l'invasion de la Lombardie, c'est cette opération que, pour la couronner, il va être chargé de conduire. Simultanément, Hindenburg, des quatre coins de l'Allemagne, est étourdi d'appels et d'implorations; on lui plante dans la tête des adresses, comme naguère on lui plantait des clous dans le corps, et Ludendorff est, après lui, proclamé l'homme indispensable, providentiel, placé au-dessus des atteintes de la grâce et de la disgrâce du Kaiser. Vieillards allemands, femmes allemandes, enfants allemands, particuliers et associations parlent, écrivent, manifestent, s'agitent, chantent l'hymne au sous-marin allemand pour faire suite à l'hymne au zeppelin allemand détrôné, acclament la guerre allemande qui amènera la paix allemande. Il y là-dedans quelque délire; nous n'en savons pas tout, et ce que nous en savons, nous le savons mal; mais ce n'en est pas moins un signe. Population, industrie, organismes militaire, politique, économique, tout l'Empire est tendu, autant qu'il peut se tendre, pour un immense effort.

Il se pourrait bien que nous fussions aux premières minutes du dernier quart d'heure. Ce n'est pas seulement l'Empire allemand qui tend ses muscles et ses nerfs. Ce sont tous les pays belligérants. En Angleterre, au début de la quinzaine, M. Lloyd George a prononcé de fortes et un peu rudes paroles. Il a estimé de son devoir de tenir, à un peuple viril, un langage viril, de lui dire la vérité sans périphrases, et de le placer sans ménagement en face de la réalité. Au fond, tout son discours se résume en un mot : « Voici venir les temps difficiles », et certes il n'a atténué, — au contraire, — aucune des difficultés. On dirait volontiers qu'il les a grossies à dessein, en vue de l'effet à obtenir et des mesures à faire accepter. Mais, si l'on ne lit pas ce discours avec des lunettes allemandes, on n'y trouve point trace de lassitude, encore moins de découragement Loin de là, et tout à l'opposé ; c'est un souffle héroïque qui le traverse et l'anime. A outrance, jusqu'au bout, jusqu'à la victoire ! Les sacrifices de luxe ou de bien-être que M. Lloyd George demande à la nation britannique, il les lui demande non par nécessité, mais par prévision, pour accroître à son bénéfice, et au bénéfice de l'Entente, sa puissance de durée. On ne saurait nier que, maîtres de la mer dès le mois d'août 1914, les Alliés n'ont été privés et ne se sont privés de rien ; que, sous ce rapport, au total, ils n'ont jusqu'ici senti que très légèrement la guerre. Mais on ne saurait nier non plus qu'une guerre qui se prolonge pendant trois ans réduit la production et épuise les ressources du monde, pèse sur les quantités et sur les prix d'un poids chaque jour aggravé, bouleverse les transports et les changes, secoue les finances les plus solides, vide les trésors les mieux garnis. A cet égard, comme à tous les autres, il s'agit de gagner et de garder pour soi le dernier quart d'heure. C'est le sens profond, la vraie raison des restrictions, réglementations et rationnements qu'on nous impose. Les peuples, qui ont donné généreusement, pour vivre libres et tranquilles, la fleur de leur chair et de leur sang, subiront de bon cœur ces médiocres ennuis, à la condition qu'ils en comprennent l'utilité, qu'on leur montre à quel but on veut les conduire par de tels chemins, et qu'ils soient assurés qu'on ne les soumet qu'aux privations qu'on n'a pas pu leur épargner. Il n'y a qu'une chose qu'ils ne toléreraient ou ne pardonneraient pas, et qui serait qu'une administration, trop routinière ou trop molle, au lieu de prendre la peine de chercher à résoudre les questions à l'avantage du public, jugeât plus commode de les faire résoudre par le public lui-même à son détriment. Arrivés au point où nous sommes, tous les peuples, dans tous les temps, se sont pliés à toutes les dictatures, sauf une seule, sauf celle de l'incapacité. En la circonstance, nous avons un motif de plus pour prendre garde de n'exiger que les sacrifices inévitables. Il serait par trop maladroit de donner à l'Allemagne un prétexte de déclarer ou d'insinuer que sa campagne a réussi, que son blocus sous-marin a réalisé son objet, brisé entre nos mains la maîtrise des mers, et que, malgré la protection de la flotte anglaise et la complaisance des neutres, nous sommes maintenant aussi gênés qu'elle ; ce qui lui serait à l'intérieur un réconfort, et à l'extérieur un moyen de pression. N'exagérons donc ni en bien, ni en mal ; ni l'optimisme, comme on dit, ni le pessimisme. Ce n'est pas le moment, quand va sonner le fameux quart d'heure, de remonter, par une erreur qui serait perfidement exploitée, l'esprit allemand prêt à défaillir. En revanche, c'est plus que jamais le moment de nous rappeler la maxime que nous aurions dû avoir incessamment présente à la mémoire : « La guerre se mesure avec les hommes, avec l'argent, avec le gouvernement et avec la fortune, — ou la chance. » — Les hommes, l'Entente les a ; ses effectifs dépassent sensiblement, au trente-deuxième mois de la guerre, ceux des Puissances dites de l'Europe centrale. L'argent, l'Entente le possède : le récent emprunt britannique vient d'en fournir, après les nôtres, le plus éclatant témoignage, plus de vingt milliards d'argent frais. La fortune même, ou la chance, nous a plus d'une fois souri, quoique, ne nous étant pas montrés grands connaisseurs de l'occasion, nous n'ayons pas su la saisir et que nous l'ayons laissée se retourner contre nous. Reste le quatrième terme, le quatrième des facteurs par lesquels se décide le sort de la guerre. Si l'Entente a pour elle les trois autres, il ne faudrait pas qu'il pût être dit que celui-là lui a manqué.

Tandis que le Président Wilson attendait la réponse de l'Autriche-Hongrie à la note où il la priait de lui faire savoir si elle s'associait à l'Allemagne et se solidarisait avec elle dans l'exaspération de la guerre sous-marine, réponse qui ne lui est parvenue que ces jours-ci, par l'ambassadeur des Etats-Unis à Vienne, et non par le comte Tarnowski, dont les lettres de créance n'ont pas encore été présentées à la Maison-Blanche, plusieurs incidents venaient coup sur coup clarifier et simplifier la situation. Un sous-marin impérial coulait sans avertissement, et avec des raffinements d'ironie qu'on ne peut qualifier que de « barbares », dût la susceptibilité de l'Allemagne en être irritée, le paquebot anglais *Laconia*. Sur ce navire avaient pris passage quelques Américains et Américaines, dont deux au moins, deux femmes, sont mortes du torpillage ou de ses suites. L'opinion, déjà émue à Washington comme à New-York et dans tout l'Est, en relations continuelles avec l'Europe à travers l'Océan désolé par ces brigandages, en a été vivement surexcitée. Il s'y est formé, pour ainsi dire, un remous d'indignation et de colère. Toutefois, dans l'Ouest, qui ne touche qu'au lointain Pacifique, et surtout dans le Moyen-Ouest, dont les fermes sont perdues au milieu des terres, les masses ne s'échauffaient pas. C'est une chose curieuse, qui nous semble incroyable, et qui est pourtant avérée, que cette guerre, la plus grande de toutes les guerres dont fassent mention les annales de l'humanité, et où tant de problèmes de tout ordre sont posés à la fois, puisse apparaître là-bas comme une querelle locale, entre habitants d'un petit continent, avides de prendre les uns le bien des autres; chicane qui n'intéresse que la famille ou, tout au plus, le voisinage. Mais voici qu'à leur tour l'Ouest et le Moyen-Ouest sont blessés ou menacés dans leurs parents et leurs voisins. Il en est de la guerre, d'une pareille guerre, comme de la politique : point n'est besoin de s'occuper d'elle pour qu'elle s'occupe de vous. M. Wilson, sentant dans le Congrès du flottement ou des résistances, fait révéler un beau matin que le gouvernement allemand, dès le 19 janvier, alors qu'il négociait avec le gouvernement de la Confédération, ce n'est pas assez dire, alors qu'il le caressait, qu'il l'accablait de ses protestations amicales, fomentait en sous-main les passions au Mexique, proposait au général Carranza une alliance éventuelle, l'éblouissait du miroitement de la plus riche proie, — les trois États américains du Nouveau-Mexique, du Texas et de l'Arizona, — se piquait même de l'extravagante prétention de détacher le Japon de la Décuple Entente et de l'entraîner roulé dans son intrigue. Au vrai, à réfléchir sur l'interminable aventure des Carranza, des Villa, de leurs partisans et de leurs rivaux, à en observer tant soit peu la marche et le caractère, à tracer le diagramme de leur fièvre, dont la courbe était précisément celle des embarras ou des inquiétudes de l'Allemagne, on n'était pas, auparavant, sans soupçonner là-dessous quelque machine, *made in Germany*. Mais on n'avait cependant pas la preuve de la duplicité, de la trahison allemande : on l'a désormais, et elle est écrite ; bien plus qu'écrite, signée de M. Zimmermann, en sa qualité de ministre secrétaire d'Etat à l'Office impérial des Affaires étrangères. Et l'on a par surcroît, pour la corroborer, tant d'autres preuves, et de si éclatantes, que la publication, assure-t-on, en ferait scandale. A la lecture du document, l'univers civilisé, celui qui ne confond pas la civilisation avec la Kultur, n'a eu qu'un cri : « Comment est-ce possible? » Possible, plus encore comme sottise que comme mauvaise foi? Ce n'est possible qu'en Allemagne, sous la domination prussienne, mais c'est si spécifiquement, si ingénument allemand, que pas un Allemand n'a eu un mouvement de révolte. Aux

États-Unis, au contraire, même l'indifférent Moyen-Ouest, même l'Ouest placide ont tressailli. Les Germains non encore dénaturalisés, les progermains, les germanophiles, toutes gens qui d'ordinaire avaient le verbe haut, se sont tus.

Mais M. Wilson a fait mieux que de parler, il a agi. On se souvient que, lors de la rupture des relations diplomatiques avec l'Allemagne, il avait ajouté, exprimant diplomatiquement une confiance invétérée en la clairvoyance et la discrétion du gouvernement impérial : « Pourtant, si des vaisseaux américains, des existences américaines devaient réellement être sacrifiés, je prendrais la liberté de revenir devant le Congrès demander qu'on me donne l'autorité nécessaire pour protéger nos marins, nos concitoyens au cours de leurs voyages légitimes et pacifiques en haute mer. » En exécution de cet engagement pris envers lui-même et envers la nation, le Président est revenu le 26 février devant le Congrès, et il lui a dit : « J'espère ne pas avoir à donner plus d'assurances que je n'en ai déjà donné, pendant près de trois ans, de ma patience anxieuse et du fait que je suis l'ami de la paix, que je désire maintenir longtemps pour l'Amérique. Je ne me propose pas la guerre et je ne l'ai pas en vue, non plus qu'aucune mesure pouvant y conduire. Je demande seulement que vous m'accordiez par votre vote les moyens et l'autorité nécessaires pour sauvegarder les droits d'un grand peuple qui jouit de la paix et est désireux de la conserver dans l'exercice des droits reconnus de puis des temps immémoriaux par toutes les nations civilisées. Aucune ligne de conduite que j'adopterai ou que le peuple adoptera ne peut provoquer la guerre, qui ne peut être provoquée par des actes d'agression préméditée. »

Réunie aussitôt, la Commission sénatoriale chargée des affaires extérieures approuvait le projet de loi relatif aux armements pour la défense des navires marchands et accordait les crédits demandés. Presque aussitôt, elle aussi, la Commission correspondante de la Chambre des représentants approuvait ce même projet de loi, mais non sans quelque « tirage », par 17 voix seulement contre 14, et avec une modification, en supprimant les mots : « ou tous autres moyens », pour le maintien desquels M. Wilson insistait. C'est le texte de la Commission, déposé, sous forme de motion, par M. Flood, que, le 2 mars, la Chambre adoptait à la quasi-unanimité, par 403 voix contre 13. Mais, le Président persistant à le considérer comme incomplet, il y avait lieu de lui faire substituer, par le Sénat, un bill qui conférerait à M. Wilson, outre le droit d'armer les navires marchands, celui d'employer « tous autres moyens » pour mettre les États-Unis en état de neutralité armée en face de l'Allemagne, d'où, par abréviation, le titre : projet sur la neutralité armée. Étant données les dispositions du Sénat, il ne semblait pas qu'il dût y avoir de bien grandes difficultés. Les pacifistes les plus irréductibles paraissaient s'être résignés, sinon convertis ; M. Bryan lui-même, venu à Washington pour se mettre à leur tête, en était reparti, persuadé qu'après la découverte des machinations allemandes au Mexique il n'y avait plus rien à faire. Mais c'était compter sans les « flibustiers », sans les faiseurs d'obstruction, qui pouvaient n'être et n'étaient en effet qu'une poignée, sans leur capitaine M. Stone, qui se trouvait être président de la Commission des affaires extérieures, et sans cette coïncidence qu'on était au 3 mars et que les pouvoirs du Congrès expiraient le 4, en même temps que finissait la première magistrature de M. Wilson. Toutefois, la nuit du vendredi 2 mars au samedi 3, on discuta. Trois heures durant, M. Stone se promena dans l'hémicycle, gesticulant furieusement et proférant par intervalles des sons inarticulés. Le sénateur Lafollette et une dizaine d'autres firent comme lui, et firent tant que l'heure où expirait le mandat de la législature arriva avant que le vote eût pu être émis. Le bill sur la neutralité armée demeurait donc non en échec, mais en suspens. Pas en échec, puisque l'escrime parlementaire fournissait une riposte du tac au tac, et que 83 sénateurs contre 13 signaient un manifeste par lequel ils déclaraient approuver entièrement le bill, en regrettant d'avoir été mis dans l'impossibilité de l'adopter. Fort de cette adhésion explicite, fort avant tout de ses pouvoirs constitutionnels, qui sont parmi les plus étendus qui soient, en aucun pays et dans aucune forme de gouvernement, attribués à un chef d'État, sûr également d'être soutenu par la très grande majorité du peuple des États-Unis, M. Woodrow Wilson marqua d'abord l'intention d'agir lui-même, en vertu de son droit propre, et en quelque sorte *proprio motu*. Mais c'est un homme d'études et un homme de loi, un juriste ; il lui naquit un scrupule. N'y a-t-il pas une loi de 1819, qui, tout en ne refusant pas au Président le droit d'armer les navires de commerce, en l'absence d'une autorisation directe du Congrès, excepte cependant le droit de s'en servir contre des Puissances « amies » ? Or, tant que les États-Unis ne sont point en guerre ouverte et déclarée avec l'Empire allemand, l'Allemagne, juridiquement, est pour eux une Puissance « amie ». On voit le point. M. Wilson, quoiqu'il soit du métier, et sans doute parce qu'il en est, n'a eu d'apaisement que lorsqu'il a eu consulté des collègues, de hauts fonctionnaires, de hauts magistrats, et le plus haut de tous après le président de la Cour Suprême, l'attorney général de la Confédération. D'une voix unanime ils lui auront dit quecette loi de 1819, promulguée sous l'administration de Monroe, au moment où, Jackson ayant, malgré ses instructions, envahi la Floride, alors territoire espagnol, et deux Anglais qui servaient dans les rangs adverses ayant été tués, les États-Unis s'étaient mis en délicatesse à la fois avec l'Espagne et avec l'Angleterre, fut une loi de circonstance ; mais qu'aujourd'hui, envers l'Allemagne, le cas est différent jusqu'à être renversé ; ce ne sont pas les États-Unis qui ont attaqué des vaisseaux allemands et compromis des existences allemandes ; mais bien l'Allemagne, qui a « réellement sacrifié des vaisseaux américains, des existences américaines » ; et que sacrifier des vaisseaux et des existences n'est point se conduire en Puissance « amie ». Qui détruit mon bien, tue mes hommes, confisque mon droit et ma liberté, je puis bien encore, selon le protocole, lui donner le nom que je veux ; mais, en fait, ce n'est plus mon ami. L'avis de l'attorney général, comme tous les autres, aurait été catégorique. Quoi qu'il en soit, M. Wilson, les ayant recueillis, et bien qu'ils aient confirmé son opinion personnelle, a résolu d'inviter le Sénat à introduire dans son règlement un paragraphe qui permette à l'avenir d'empêcher, de limiter ou de briser l'obstruction. Sans retard, les crédits ont été votés, avant le 4 mars, par le Sénat même : 150 millions de dollars pour parer à toute éventualité ; 115 millions, pour hâter les constructions navales, 35 millions pour augmenter le nombre des sous-marins ; et 535 millions de dollars, encore, pour renforcer la marine fédérale : en tout, plus de quatre milliards de francs. C'est une assez belle entrée de jeu, et c'est une assez franche entrée en scène. La situation évolue et mûrit. M. Wilson, inaugurant sa seconde présidence, l'a définie, devant 50.000 personnes, dans son discours du Capitole, qui est une page aussi claire que noble d'accent et d'une pure beauté, exempte des préparations, des précautions oratoires et des réticences qui parfois ont pu sembler mettre, dans ses notes diplomatiques, comme une hésitation de pensée ou de volonté. L'Allemagne aurait tort de se réjouir. La marche du Président est lente et mesurée, mais ce n'est déjà plus la sienne : c'est celle de la fatalité.

Aussi bien, les Allemands de Berlin, et encore moins les Allemands d'Amérique ne se réjouissent-ils guère. La balourdise de la Wilhelmstrasse devient évidente et affligeante. C'est ce que la Commission supérieure du Reichstag a fait entendre hier à M. Zimmermann. Elle ne pouvait pas ne pas le couvrir, et elle l'a couvert, à l'unanimité de ses voix, moins deux, qui seraient socialistes. Mais elle le couvre théoriquement, et pratiquement elle le fustige. « Le ministre, convient-elle, devait prévoir les conséquences diplomatiques du conflit avec les États-Unis » ; et les prévoir, c'était tenter de mettre le Mexique avec soi, et de séparer le Japon de l'Entente, pour le jeter contre l'Amérique. En cela, M. Zimmermann n'avait point péché. « Tout le mal est venu de ce que la dépêche a été interceptée. » Ainsi le mal n'est pas d'avoir fait le mal, mais de s'être laissé prendre. Et voilà encore une maxime spécifiquement allemande à joindre à toutes celles qui forment, au xxe siècle, le corps de la doctrine ou de la morale allemande; un pendant au « chiffon de papier ». Ici, au rebours du sentiment universel, ce n'est pas le crime qui fait la honte, c'est l'échafaud. Mais, comme un malheur ne vient jamais seul, les fautes, — les seules qui comptent, celles où l'on se laisse prendre, — s'accumulent et se précipitent. Le 5 mars, l'Allemand Fritz

Kolb est arrêté à Hoboken; il confesse avoir voulu attenter le soir même à la vie du Président Wilson; le 7, à New-York, la police américaine s'empare, sous différentes inculpations, d'un docteur Chakiaberty, Indien, d'un docteur Sokunner, et d'un sieur Henri Schwarz, Allemands ; à Minneapolis, la cour martiale condamne, pour espionnage à la frontière mexicaine, le soldat Paul Scharfenberg, dont le nom décèle l'origine. En dépit de ces mésaventures, M. de Bethmann-Hollweg prend des poses. Dans une harangue, qui trahit des soucis d'ordre intérieur, et où, rebuté, harcelé par les conservateurs, préoccupé peut-être des répercussions possibles d'un mécontentement grandissant, s'il venait à s'élever un jour jusqu'à l'Empereur et à la dynastie, il essaie de donner brusquement un coup de barre à gauche et de contracter à temps une façon de contre-assurance, il fait, pour le dehors, le bravache, l'imperturbable, l'inflexible. « Nous ne reculerons pas ! » tranche-t-il.

Soit. Les États-Unis non plus. Le monde non plus. Jetons, en terminant, autour du globe, un rapide coup d'œil. Les petits États neutres, qui sont le plus près de la colossale et farouche Allemagne, sont naturellement les moins fermes. Les Pays-Bas, à qui elle a, le mois dernier, torpillé en un jour sept navires, paraissent se borner à demander qu'elle les lui remplace. La Suède s'accroche à sa neutralité, et, après avoir renvoyé le ministère Hammarskjoëld, elle le rappelle. Néanmoins, les Scandinaves, Danois et Norvégiens en tête, d'abord terrorisés, se reprennent ; ils se reposent de nouveau dans l'antique adage, « que, s'il est nécessaire de naviguer, il n'est pas nécessaire de vivre » ; et, au demeurant, il n'est pour eux qu'un moyen de vivre, qui est précisément de naviguer. L'Espagne n'a pas été en reste pour rencontrer la bonne formule ; elle l'a prise à son grand ministre Cànovas ; M. de Romanones n'a fait que la répéter : « La vie de la nation ne peut être interrompue. » Par conséquent, le cas échéant, l'Espagne non plus ne reculerait pas. Les Républiques latines de l'Amérique du Sud, pour la plupart, le Brésil, le Chili, le Pérou, tout en conservant la conscience de leur latinité ont, qu'on nous passe le barbarisme, acquis la conscience de leur « américanité » ; et les deux se rejoignent, les poussent dans la même direction, la même intention, la même action. La Chine, en Extrême-Orient, rompt les relations diplomatiques avec l'Allemagne, èt, faisant tomber la dernière carte qu'espérait jouer la Chancellerie, d'une brouille et d'une lutte entre les Jaunes, emprunte pour son armée des instructeurs à l'armée japonaise.

Récapitulons maintenant. C'est le monde entier, ce sont les deux mondes, que l'Allemagne va avoir contre elle. Si, vraiment, elle l'a voulu, elle n'a pas à se plaindre, et pourtant elle se plaignait, l'autre semaine, par l'organe du major Moraht, qui, triomphant jadis, tourne à la Cassandre ou au Jérémie. Il reprochait amèrement à M. Bonar Law d'avoir opposé, avec méchanceté, « la nature allemande à la nature humaine ». Le monde entier crie à l'Allemagne qu'il pense là-dessus comme le premier lord de l'Amirauté. Le genre humain se range d'un côté, et laisse de l'autre le *Deutschtum*. Mais l'Allemand ne peut s'en prendre qu'à lui-même d'être devenu un loup pour l'homme.

VII

1er avril 1917.

LA RETRAITE ALLEMANDE SUR LA SOMME. — L'AVANCE FRANCO-BRITANNIQUE. — DES RUINES. — HYPOTHÈSES. — LA « NOUVELLE LIGNE HINDENBURG ». LE MUSCLE FLASQUE DE L'ENTENTE. — M. RIBOT SUCCÈDE A M. BRIAND. — LA RÉVOLUTION RUSSE. — SES DÉBUTS. — UNE RÉVOLUTION NE S'ACHÈVE PAS EN QUATRE JOURS. — LA FATALITÉ MÛRIT.

Les Allemands ont continué de reculer, et les Anglo-Français n'ont pas cessé de les poursuivre: c'est, sur le front occidental, le fait qui domine et résume toute cette quinzaine. C'est, en effet, le samedi 17 mars que la retraite allemande se précipite, que l'avance anglo-française se confirme et s'accélère. Le bulletin de ce samedi-là mérite d'être cité; nous n'en avions pas lu un pareil, ni qui ait constaté d'aussi grands résultats, depuis la bataille de la Marne. « Sur tout le front, entre Andechy et l'Oise, l'ennemi abandonne les positions puissamment et savamment fortifiées qu'il tenait depuis deux ans. » Voici que sonnent les premiers coups de l'heure de la délivrance et que vont se succéder, pressés, bien des noms chers et glorieux. Nos pointes d'avant-garde pénètrent dans Roye. Les Anglais enlèvent Bapaume, avancent avec rapidité sur les deux rives de la Somme, entrent dans les positions allemandes sur un front de vingt-cinq kilomètres, occupent six villages au sud de la rivière, sept au nord, parmi lesquels le Transloy, Achiet-le-Grand, Achiet-le-Petit, si longtemps et si ardemment disputés. Les nôtres, entre l'Avre et l'Oise, « progressent sérieusement » ; nous reprenons tout le terrain entre nos anciennes lignes et la route de Roye à Noyon. Le dimanche 18, de l'Avre à l'Aisne, et non plus seulement entre l'Avre et l'Oise, nous avançons toujours, mais maintenant sur un front de plus de soixante kilomètres : en une semaine, la progression est devenue quasi géométrique : cinq kilomètres, puis six, puis vingt, puis vingt-cinq, puis soixante. Notre cavalerie entre dans Nesle, qu'elle trouve désolé. Au nord-est de Lassigny, nous piquons dans la direction de Ham, de plus de vingt kilomètres en profondeur. Par la vallée de l'Oise, notre cavalerie et nos détachements légers se glissent jusqu'à Noyon, où les Allemands n'étaient plus. Entre l'Oise et Soissons, nous brisons la première ligne allemande ; nous délivrons dans cette région plusieurs villages, nous prenons pied sur le plateau au Nord de la ville, et nous nous emparons de Crouy. Les Anglais, entrés avec nous dans Nesle, ce qui montre combien la liaison est solide, occupent Chaulnes et Péronne. Leur avance atteint en profondeur seize kilomètres, sur certains points, du sud de Chaulnes en remontant jusqu'aux environs d'Arras. Plus de soixante villages ont, dès lors, été libérés par eux. Nos soldats, le 19, dépassent Nesle et touchent la voie ferrée qui va vers Ham ; au Nord de Noyon, ils enlèvent Guiscard ; nos patrouilles s'élancent sur la route de Saint-Quentin. A l'est de l'Oise, nous pénétrons dans la deuxième position allemande ; et c'est encore une centaine de villages libérés par nous-mêmes.

Nous ne nous en contentons pas. Nous dépassons Ham, sur la Somme, et Chauny sur l'Oise, tenant, entre ces deux villes, un grand nombre de localités qui les relient pour ainsi dire l'une à l'autre. Au nord de Ham, dans la direction de Saint-Quentin, notre avance a atteint trente-cinq kilomètres en profondeur. Au sud de Chauny, nous jalonnons la ligne de l'Ailette. Soissons est entièrement dégagé. Au nord-est de Crouy, nous avançons sur la route de Maubeuge. Vingt nouveaux bourgs ou villages sont délivrés. Comme par une émulation généreuse, les Anglais poussent leur avance sur une profondeur de 3 à 12 kilomètres, en délivrant quarante de plus. Mais, le mardi 20, il fait mauvais temps ; dans le pays ravagé par une fureur barbare il ne reste point trace de chemins ; ce ne sont que mares et fondrières ; on avance moins et même peu ; pourtant le contact est maintenu. Ce même jour, 20 mars, notre cavalerie est près de Roupy, à sept kilomètres de Saint-Quentin, par la route de Ham. Au nord-est de Chauny, nous occupons l'importante gare de Tergnier (ligne de Bruxelles) et franchissons un obstacle difficile, le canal de Saint-Quentin, cependant que les Anglais, au sud d'Arras, reprennent, par surcroît, quatorze villages. Le 21, nous avançons à l'est de Ham, sur la route de Saint-Quentin, ainsi qu'au nord et au nord-est de Soissons, à droite et à gauche de la route de Laon, et c'est par nous qu'une dizaine de villages sont repris. Nous tenons toujours le contact avec l'ennemi, entre Roupy et Saint-Quentin, à moins de sept kilomètres de la ville; nos patrouilles traversent Dallon, qui en est à trois kilomètres. A l'est de Ham, nous forçons le passage du canal de la Somme, et nous en dégageons les rives. Mais il semble qu'à présent, et sur le canal Crozat comme sur l'Ailette, les Allemands veuillent faire tête. Ils recommencent à opposer une résistance, même une « vive résistance ». Néanmoins nous progressons lentement au nord de Tergnier, et plus rapidement, « sérieusement », au nord de Soissons. Nous sommes, le 22, à Artemps, le 23, à Grand-Séraucourt; nous approchons, le 24 et le 25, de Saint-Quentin, de la Fère. L'ennemi tente plus que de résister, il contre-attaque. Les dépêches officielles recommencent à dire : « la bataille ».

Tel est, pour le moment, fidèle, quoique tout sec, le tableau de la situation, qui ne pouvait être exactement tracé qu'en combinant les données de la carte et du calendrier, et que nous n'avons pas voulu, qu'il ne fallait pas charger en couleur. Mais quel spectacle dans la réalité ! La double centaine de villages que, les Anglais et nous, nous avons délivrés, sont-ce bien des villages? Étaient-ce des hommes qui les habitaient, et sont-ce vraiment des hommes qui, les derniers, s'y sont terrés? Devant cette misère, le style du communiqué, d'ordinaire impassible, s'émeut: « Partout, sur notre passage, nous avons pu constater les preuves d'un vandalisme systématique ; les destructions accomplies par l'ennemi n'ont la plupart du temps aucune utilité militaire. Cet après-midi même, nos aviateurs ont signalé que les ruines historiques du château de Coucy avaient été détruites par une explosion. » Les ruines elles-mêmes! *Etiam periere ruinæ.* Nous retrouvons, avec son odeur forte, le mélange de grossièreté et de pédanterie qui sont le fond de l'âme allemande et de l'esprit allemand. Ce n'est pas assez de meurtrir la France vivante : comme à Louvain, comme à Reims, on se donne la joie perverse de blesser, en outre, et, si l'on le pouvait, d'humilier un illustre passé, qui n'est point un passé allemand, auprès duquel le passé allemand fait une basse et vulgaire figure de parvenu. Cette rage qui s'exerce contre les choses et qui se targue de faire souffrir même la terre et les pierres de chez nous, qui rase les vergers, scie les arbres des routes et empoisonne les puits, cette même rage s'aiguise et s'exaspère contre les personnes. Quand le communiqué a dit : « La plupart des villages en avant de nos lignes, dans la région de Saint-Quentin, sont en flammes », ou : « La plupart des villages conquis sur le plateau de Soissons sont détruits », il ajoute : « En évacuant

Noyon, l'ennemi a emmené de force cinquante jeunes filles de quinze à vingt-cinq ans. » C'est d'une autre source que nous l'apprenons, mais on nous assure que, de Nesle, et des environs, non plus cinquante, mais cent soixante-quatre femmes ou jeunes filles ont été aussi odieusement emmenées. Il y a bientôt un an que le gouvernement de la République française, par une protestation solennelle, qu'il vient de renouveler, dénonça à la conscience de l'univers civilisé des faits du même genre, et de la même qualité, s'il est permis de s'exprimer ainsi. Et, depuis un an, nous écoutons. Nous attendons que s'élève la voix qui peut parler aux peuples de leurs devoirs, juger les nations suivant leurs œuvres, et appeler les rois au tribunal de la divinité.

Les Allemands reculent à la mode des Huns, mais ils reculent, voilà le fait ; le reste est une explication, une série d'explications confuses, compliquées, contradictoires. « Notre repli est élastique », écrivent à qui mieux mieux les journaux allemands, à qui il faut rendre cet hommage qu'ils ont commencé à l'écrire, l'été dernier, dès le début de la bataille de la Somme. « Notre Hindenburg sait ce qu'il fait, appuient les critiques militaires, et s'il est seul à le savoir, si personne ne le comprend ou ne le devine, c'est précisément la marque du génie, dont les conceptions sont inaccessibles à la simple intelligence. » Nous, du point de vue français, méfions-nous, mais ne faisons pas le jeu. Sans doute Hindenburg est un vieux routier qui a plus d'un tour dans son sac, mais le génie est un bien gros mot, même et peut-être surtout pour un si gros homme. Sans doute, le maréchal a remporté dans les premiers mois de la guerre la victoire de Tannenberg, qui a d'un coup décidé de sa fortune. Mais il a été moins heureux en Pologne ou en Galicie ; et quant à la campagne de Roumanie, si c'est lui qui en a dressé le plan, c'est Mackensen et Falkenhayn qui l'ont exécuté. Il y aurait de l'excès à prétendre qu'il soit incapable d'avoir deux idées, et que celle qu'il a toujours eue l'obsède ou l'épuise : on sait pourtant que, spécialiste de la Prusse orientale et monomane des Lacs masuriques, il a les yeux constamment tournés de préférence vers la frontière russe. Notez de plus que son cerveau de *junker* et d'impérialiste doit, dans les circonstances présentes, travailler étrangement. Il a sous la main ses chemins de fer, ses bons chemins de fer aux dix lignes transversales est-ouest, dont il se flatte avec raison de jouer en maître. Logiquement, on serait fondé à chercher là-dessous le secret de ses desseins. Raccourcir autant qu'il le faudra le front occidental, pour y ramasser de quoi constituer une masse de manœuvre, une quinzaine de divisions, de Soissons à Arras, une vingtaine, si l'on coupe aussi la fameuse hernie de Saint-Mihiel, qui seraient ensuite transportées dans le secteur nord du front oriental et reprendraient, sous une étoile qu'on suppose meilleure, à la faveur d'événements que les augures déclarent propices, la marche contre Petrograd, où l'on décrocherait la paix. Ou bien, autre hypothèse, qui n'a rien non plus de déraisonnable, se servir de tout ou partie de ces quinze à vingt divisions rendues disponibles pour encadrer, pour épauler la nouvelle offensive autrichienne prête à se déclencher du Trentin, sous la conduite du maréchal Conrad de Hœtzendorff. Ou bien, enfin, s'en faire comme un bélier, pour venir brusquement battre en un point choisi le front anglais ou le front français ; avec l'obstination têtue, la puissance de répétition allemande, se détourner et s'éloigner de Paris, pour se retourner et essayer de se rapprocher de Calais et de Dunkerque. Nous ne savons pas, et, puisqu'on nous dit que seul Hindenburg sait, veut et fait, nous verrons. Mais il y a cependant des choses que nous savons, ou n'ignorons pas tout à fait. Nous savons ce qu'il y a de troupes allemandes en Belgique, soit sur l'Yser, soit à la frontière hollandaise. Fort habilement, le grand état-major impérial s'est ingénié à allumer notre curiosité par de demi-descriptions de la « nouvelle ligne de Hindenburg », où l'on mettait tout juste assez de lumière pour nous piquer à percer l'ombre. Tant qu'elle était enveloppée, c'était un mystère, une énigme, et, lorsqu'elle se découvrirait, ce serait une révélation, ce serait plus, ce serait une révolution dans l'art de la guerre. Articles, chroniques, radiotélégrammes la célébraient, en langage sibyllin, dans l'Empire et chez les neutres ; mais, tout en nous en menaçant, on nous interdisait de la connaître. Eh bien ! que le grand état-major soit satisfait, nous ne la connaissons pas plus qu'on ne connaît un paysage dont on a la photographie sur sa table. Et si, par hasard, il n'y avait point de « nouvelle ligne Hindenburg », mais plutôt de nouvelles « positions » préparées pour une bataille, si réellement il s'agissait de revenir à la guerre de mouvement, si l'on avait médité de nous reprendre une seconde fois au piège de Charleroi, ou de nous tendre un traquenard analogue, on aurait tout de même quelque peine à nous y faire tomber. Après quoi, que toute l'armée allemande, avec la grâce qui la caractérise, et au pas de parade en arrière, exécute un repli élastique, nous n'y voyons pour nous qu'un avantage, et nous le marquons aujourd'hui, sans nous endormir, mais sans nous effrayer de demain.

Ce repli élastique a déjà ramené l'abominable invasion, de la ligne Arras-Bapaume-Péronne-Noyon, sur la ligne Lille-Douai-Cambrai-Saint-Quentin ; dans quelques heures peut-être il l'aura rejetée beaucoup plus à l'est, car les gazettes d'outre-Rhin nous avertissent, et avertissent d'abord leur public, qui s'étonne un peu, si patient qu'il soit par nature, tradition et habitude, que le mouvement de retraite n'est nullement terminé, que l'on n'est pas au bout de la stratégie de Hindenburg. Tant mieux, réjouissons-nous-en. Ce sera encore autant de gagné. Si, au bout de cette stratégie, il doit y avoir une bataille, mieux vaut pour nous qu'elle se livre plus loin de la capitale, plus près de la frontière. Et si, comme certains déménagements, auxquels on ne se serait guère attendu, pourraient le donner à penser (mais il convient d'être prudent), l'armée allemande se repliait élastiquement jusqu'au Rhin, sans que nos pertes eussent été sensibles, jamais nous n'aurions tant loué le génie du chef et l'assouplissement du soldat. Notre retraite, conclut la presse officieuse, en forçant la note, est par elle-même une grande victoire, dont l'Empereur a fait à Hindenburg son compliment. Qui sait ? C'est peut-être vrai. Il est peut-être vrai que, pour les Allemands, ce soit maintenant une grande victoire que de pouvoir retourner en Allemagne : pour l'amour de Dieu, même du leur, qu'ils ne la laissent pas inachevée !

En somme, au trente-deuxième mois de la guerre, la situation militaire de l'Entente est bonne, sinon excellente. La prise de Bagdad par les troupes anglo-indiennes du général sir Stanley Maude, leur avance sur Mossoul, visé d'autre part par les troupes russes débouchant de Hamadan et de Kermanchah, ont fait ou font plus que de réparer le premier échec de Kout-el-Amara, et même plus que de désarticuler l'empire ottoman dont elles brisent l'épine dorsale ; elles font s'écrouler le palais féerique du rêve allemand, et coupent, avant qu'elle ait été construite, la légendaire ligne Berlin-Bagdad, insolemment prolongée en Anvers-Bagdad. L'armée de Salonique, elle aussi, s'affermit, se consolide, et l'armée d'Égypte s'assure, voit plus largement autour d'elle. C'est la situation politique, non point entre elles, mais en chacune d'elles, c'est la politique intérieure qui reste le point faible, le muscle flasque des Puissances de l'Entente. La Grande-Bretagne a la question irlandaise. Au Parlement italien, les socialistes, neutralistes ou pacifistes à outrance n'ont pas renoncé à leurs intrigues. En France, nous avons eu une crise ministérielle. Bien que nous nous soyons imposé comme règle de négliger pendant la guerre ces sortes de sujets, nous ne pouvons pas nous taire absolument sur la raison au moins prochaine et apparente de celle-ci. Elle a été déterminée par une phrase prononcée, ou plutôt lue, ce que les puristes ont jugé singulèrement aggravant, par le ministre de la Guerre, M. le général Lyautey, à la suite du Comité secret de la Chambre sur l'aviation. Ceux qui n'avaient pas eu l'occasion de l'entendre, et qui se sont bornés à la lire à leur tour, ont le droit d'être surpris qu'elle ait pu non seulement faire un tel bruit, mais produire un tel effet. Faut-il en parler en toute franchise ? A l'examiner comme il convient, comme un texte d'histoire, elle était peut-être inutile, mais elle était inoffensive. M. le général Lyautey y exprimait sans la moindre violence ni volonté d'agression la crainte que de pareils débats, même en Comité secret, n'eussent leurs inconvénients, leurs risques ou leurs périls. Mais les Assemblées sont, elles aussi, des champs de bataille aménagés, tendus de fils de fer barbelés, semés de mines et de fougasses. Il est facile, le sol étant toujours saturé de poudre, d'y provoquer une explosion. M. le général Lyautey, heureusement pour lui et pour nous, n'avait pratiqué jusqu'ici que d'autres champs d'activité, où il a rendu au pays d'incomparables et d'inoubliables services. Accoutumé à d'autres besognes, à d'autres mœurs, et à d'autres méthodes, il s'est trompé sur le milieu. Il n'a pas été assez prévenu, en l'espèce, contre ce que Bentham appelait le «sophisme des fausses indignations». Il est parti là-dessus, et c'est pitié. On ne peut que le déplorer, lorsqu'on songe qu'avec sa vue claire des choses, son sens de l'ordre, son don du commandement, son prestige, il avait déjà tant fait, il aurait fait bien plus encore. Le parlementarisme, qu'il n'a pas voulu attaquer, a cru, ou feint de croire nécessaire de se défendre ; comme s'il ne comprenait pas qu'il n'a d'ennemi que lui-même, ses déformations, ses excès, ses abus. Mais le départ d'un des ministres ouvrait la brèche dans le ministère : peu à peu le Cabinet Briand, et M. Briand en personne, ont été portés à se retirer.

Au jour où il s'en va, il ne faudrait pas, en lui marchandant l'éloge, lui refuser la justice. Pendant quinze mois, qui pourraient compter triple, M. Aristide Briand, comme président du Conseil, a incarné, au dedans et au dehors, la France en guerre. Ses qualités, autant que ses défauts, ne lui eussent, en aucun cas, permis de n'avoir ni amis ni adversaires. Ce n'est pas une personnalité indifférente. Il n'en a pas paru depuis longtemps, dans le monde politique, de plus séduisante, de plus originale, et qui soit pour le psychologue plus intéressante à regarder vivre. Rien ne manque à M. Briand de ce qui ne s'acquiert pas ; et tout ce qui lui manque, il lui aurait été aisé de l'acquérir. Il a reçu en abondance les dons naturels les plus riches. Nul ne pense à lui contester ni l'éloquence, ni le sens tactile des assemblées, ni l'adresse à les manier, ni la lucidité ou la plasticité de l'intelligence, et ce qu'on a nommé chez un autre, à une autre époque, « une chance verdoyante ». Mais la chance, à supposer qu'elle soit seule, quand elle persiste ou se renouvelle à ce point, est presque une vertu, car on n'est jamais constamment ni complètement heureux sans l'avoir un peu mérité. L'homme d'État français qui unit au plus grand talent et au plus vaste savoir la plus longue expérience, M. Alexandre Ribot, a été chargé de recueillir et de partager la succession. Il a eu le double mérite de réussir, et de réussir vite, en vingt-quatre heures. Les remplaçants, pris en partie à l'opposition de la veille, — et c'eût été le jeu classique, si le Cabinet Briand eût sûrement perdu la majorité, ce que ses partisans contestent, — ne se sont pas dérobés. A la première rencontre, sur sa déclaration, le ministère Ribot a groupé 440 voix, et ne s'est heurté mollement qu'à une quarantaine d'abstentions, et une centaine d'absences qui se prolongeront plus ou moins. La déclaration elle-même inviterait à des réserves, en ce qui touche par exemple les garanties de la future paix et la bien plus future encore « Société des nations ». Nous sommes parfaitement résolus à ne point laisser, le moment venu, sacrifier à une idéologie nuageuse les leçons, les conditions et les principes d'une politique sagement et honnêtement réaliste. Nous entendons n'opérer alors que conformément au manuel d'une politique française positive. En attendant, qu'y a-t-il de changé? Il y a d'autres ministres, un autre ministère. Y a-t-il un gouvernement? Pour qu'il y en eût un, il faudrait qu'eût été nettement répudiée la maxime d'Etat, trop commode, du « n'importe qui, n'importe où ». Mais n'exagérons rien, espérons, et répétons-nous que, si les hommes conduisent les petits événements, les grands événements les conduisent. La France a le cœur et la tête aux armées : les Allemands ne sont tout de même plus à Noyon.

Tandis que se faisait chez nous ce changement superficiel, il s'opérait, en Russie, un bouleversement profond. Nous écrivions à cette place, le 1er février : « La Russie évolue très vite, si rien ne traverse son chemin, vers un césarisme de type classique, c'est-à-dire sollicité par la démagogie, sous le couvert de formes et de formules parlementaires. » Et nous remarquions : « Qu'est-ce en somme que la Russie ? Hier, une autocratie-aristocratie-bureaucratie ; aujourd'hui, une autocratie-bureaucratie-démocratie ; demain, une autocratie-démocratie. » L'accouplement pouvait surprendre, bien que, théoriquement, les deux régimes ne soient pas inconciliables, et que, historiquement, ils se soient parfois conciliés. Mais, des deux termes de la définition, il y en a un qui est déjà périmé, et c'est celui qu'on aurait cru, que quelques-uns croyaient inébranlable. La Révolution a tout à coup traversé le chemin; et, suivant sa pente, marche beaucoup plus vite que l'évolution. Nous n'entreprendrons point d'en faire le récit, qui serait nécessairement par trop incertain et par trop incomplet. Celui que les journaux en ont donné, comme ils l'ont pu, est plein d'obscurités et de lacunes, non pas même sur les causes, ce qui se conçoit, parce que c'est affaire d'opinion et matière livrée aux disputes des hommes, mais sur les faits eux-mêmes et sur leur enchaînement. « Un si grand intervalle, et que les circonstances font si difficile à combler, écrivions-nous encore, tire un voile et met du noir entre la Russie et nous. » Ce qui s'est passé depuis lors ne pouvait qu'épaissir les ténèbres. Commentant le rescrit du Tsar au prince Nicolas Galitzine, qui venait de prendre la présidence du Conseil, nous estimions possible d'en conclure, — « si nous en avions le texte exact », marquait clairement un doute, — que toutes les forces de la Russie devaient être, et allaient être tendues et comme bandées vers la victoire. Telle est la volonté commune de l'Empereur, du Conseil de l'Empire et de la Douma ; là et ainsi se frappent et s'allient, sous le terrible marteau de la guerre, l'autocratie et la démocratie ; et qu'elles cherchent d'un commun accord leur fusion dans la victoire, en voulant les conditions, c'est l'essentiel. « Mais, si la volonté était commune, elle n'était sans doute pas égale, et par suite le commun accord ne pouvait être que fragile ; le marteau de la guerre a rebondi et écrasé ce qui lui résistait.

Il semble que la révolution ait eu, à son début, trois ou quatre facteurs ou agents principaux : la Douma, l'union des *zemstvos* (qui sont des assemblées locales, correspondant tant bien que mal à nos conseils généraux ou d'arrondissement) et des municipalités, les associations ouvrières, l'armée enfin, ou du moins certains éléments militaires. Ce début, on peut le faire remonter à la séance de la Douma qui contraignit Nicolas II à renvoyer M. Sturmer. Les choses ne firent que s'aigrir durant le court ministère de M. Trépoff, et par la prorogation des séances de l'assemblée, qui refusa de se séparer, sous le dernier président du Conseil, le prince Galitzine. Le maintien de M. Protopopoff au ministère de l'Intérieur, l'accroissement de faveur que la Cour lui marquait, d'autres choix encore ou d'autres rappels, furent regardés comme un défi. Entre les *zemstvos* et les municipalités, d'une part, et, de l'autre, le gouvernement ou l'administration, — disons : la bureaucratie, car la bureaucratie détenait à la fois l'administration et le gouvernement, — s'était exacerbé le conflit ancien. Les associations ouvrières s'agitaient, étant le plus souvent inquiètes, pour toute espèce de motifs, économiques et politiques, locaux et sociaux, nationaux et internationaux, de doctrine et de tarifs. Dans l'armée, les malheurs de l'année 1915, couverts ou effacés seulement à demi par le succès encore interrompu de l'offensive de Broussiloff, le nouveau malheur de la Dobroudja, des fautes trop évidentes, des défaillances notoires ou scandaleuses, de pires faiblesses peut-être, avaient suscité et entretenaient un mécontentement d'autant plus dangereux qu'il s'était longtemps comprimé. La haute aristocratie, les cercles mêmes de la Cour, et même la famille impériale, vivaient fiévreusement, respiraient mal dans l'atmosphère des palais assiégés par les menées allemandes. A la lumière des événements, le meurtre de Raspoutine revêt son véritable caractère : on l'avait pris pour une exécution ; en réalité, c'était un signal.

L'opposition de la Douma, quoique ardente, violente, opiniâtre, était restée parlementaire, légale, constitutionnelle. Il y avait bien eu des cris, des injures et des voies de fait, à l'occasion, mais toutes les Chambres du monde ont pu de temps à autre s'emporter à de semblables extrémités. Les municipalités et les *zemstvos* combattaient la bureaucratie, dans le domaine mixte, pour les deux partis, de l'administration et la direction des œuvres auxiliaires de la guerre. Mais, dès le moment où intervinrent les associations ouvrières, avec l'intransigeance de leurs principes, l'âpreté de leurs revendications, la brutalité de leurs moyens, la Douma se vit débordée. Elle fut entraînée lorsqu'elle reçut une délégation de la garnison de Petrograd. Nous avons appris, bribe par bribe, la défection de la Garde, et, à leur tête, de ce régiment Préobrajensky, dont Pierre le Grand avait voulu se faire comme une milice de janissaires plus sûrs, en lui donnant pour noyau une compagnie formée de cinquante de ses « jeunes domestiques » et pour cadre un corps d'officiers choisis parmi les fils de ses boïards ; la proclamation d'un gouvernement provisoire ; l'adhésion des grands-ducs à ce gouvernement ; l'abdication de l'Empereur ; son arrestation et la reclusion de l'Impératrice ; le transfert de la Douma au Palais d'Hiver et l'installation au palais de Tauride d'une Commission de seize cents membres, sorte de réunion publique composée de représentants des associations ouvrières et de soldats élus par leurs camarades. C'est ici que se fait le saut dans l'inconnu.

En ce déroulement rapide d'incidents et d'à-coups qu'est toujours une révolution, il y eut une minute où l'avenir eût pu être fixé : c'est quand le Tsar eut fait connaître qu'il désignait comme son héritier et successeur non son fils, mais son frère, le grand-duc Michel. L'Empereur désigné, rompant avec l'antique autocratie, eût pu, lui, pour un temps, accepter la couronne des mains de Nicolas II, former avec le ministère provisoire un pouvoir monarchique, mais constitutionnel, également provisoire, et réserver, dans le plus bref délai, la sanction ou l'investiture populaire, puisqu'il voulait tenir du peuple sa souveraineté. C'était alors 1830 ; la substitution de la branche cadette à la branche aînée : la révolution était arrêtée, et l'aventure limitée au plus près. Le grand-duc Michel ne s'est pas résolu, ou il n'a pas pu ; lui-même peut-être s'est senti débordé. Et le fleuve coule, sans qu'on en aperçoive les rives. C'est 1848, par la candeur des sentiments et par la droiture des intentions. C'est 1789, par la générosité, la foi, l'élan, l'enthousiasme : on parle d'une Constituante et de la République. C'est 1792, par la flamme du patriotisme : on ramène le Tsar de Pskoff. Nous en sommes et nous souhaitons en demeurer là, dans nos souvenirs.

Mais une révolution est une révolution, jusqu'à ce qu'elle se rassoie en une organisation. Avant qu'une hiérarchie, ou, si le mot a vieilli, qu'un ordre se soit reconstitué, il serait téméraire de se montrer trop optimiste, surtout il serait naïf de s'imaginer que c'est une opération de quatre jours. En quatre jours, on ne fait point d'une autocratie une démocratie, ni d'un État oriental un État occidental. Il est vrai que la révolution russe de mars 1917 n'est que la reproduction, trait pour trait, mais cette fois pleinement réussie, de la révolution russe de décembre 1905, et qu'entre les deux, la reprise n'avait pas cessé d'être préparée dans le plus petit détail. Il est vrai aussi qu'il y a la guerre. L'entrée de la Russie dans le système des États modernes, constitutionnels et représentatifs, est certainement un fait dont on ne doit pas méconnaître la valeur ; il enlève à l'hypocrisie de la social-démocratie allemande le plus perfide et plus spécieux de ses arguments : il range, sans contestation sur ses titres, la nation russe parmi les défenseurs autorisés de la liberté et du droit. Mais, justement parce qu'il y a la guerre, nous mesurerons la force bienfaisante de la révolution de

Petrograd à l'augmentation de force militaire que l'Entente en retirera, et en intensité d'effort, et en durée. Les gouvernements alliés, le nôtre un des premiers, et le gouvernement britannique, se sont empressés d'adresser au gouvernement provisoire, présidé par le prince Lvoff, leurs vœux et leurs félicitations. Le geste a été prompt, et devait l'être; mais il eût un peu manqué d'élégance, s'il n'eût été accompagné d'un éclatant hommage à la loyauté scrupuleuse avec laquelle l'Empereur déchu a, pendant tout son règne, gardé et observé l'alliance, malgré toutes les offres de paix séparée, et au milieu de combats intérieurs qui doublent encore envers lui notre dette de reconnaissance. Cet hommage lui a été dignement et noblement rendu ; mais notre dette n'est pas payée. Nous n'en sommes pas quittes avec un salut. Si sa captivité devait être un signe, comme d'autres le furent en d'autres temps de révolution, les gouvernements de l'Entente sont avertis. Ils se doivent à eux-mêmes, plus encore qu'ils ne doivent à celui qui fut Nicolas II, de veiller à ce que sa personne et son foyer soient respectés.

De grands événements, avons-nous dit, et qui se chargent de conduire les hommes : si nombreux, si serrés, si pressants, si extraordinaires aussi, que chacun d'eux attire l'attention, sans qu'aucun doive l'absorber. Le regard s'attache à la Russie, sans se détacher du front français, du front italien, de la Mésopotamie, des États-Unis, de la Chine. Une partie énorme est en train de se lier à Washington, non moins considérable que celles qui se jouent à Petrograd, à Bagdad ou à Saint-Quentin. La fatalité mûrit. Un cinquième navire américain a été torpillé traîtreusement; des biens « américains » ont été perdus, des « vies américaines » ont été sacrifiées. Le cas de légitime défense est posé, il est tranché. Il n'y a plus de débat que sur les limites de l'intervention. Fera-t-on, en s'y joignant, la guerre européenne, une guerre universelle ? Ou fera-t-on seulement comme une guerre de Monroe, une guerre américaine ? Mais, sur la décision même et sur l'acte prochain, point de dissentiment, point d'hésitation. Le Congrès va se réunir le 2 avril. Il n'aura même pas à décréter l'état de guerre. Il n'aura qu'à le constater.

VIII

15 avril.

LE PLAN DE HINDENBURG. — L'OUVRAGE DES HUNS. — L'ALLEMAGNE A BESOIN DE LA PAIX. — ELLE SE PLAINT D'ÊTRE PARTOUT HAÏE. — L'ABDICATION DU TSAR ET LE GRAND-DUC MICHEL. — LE COMITÉ MIXTE OUVRIERS-SOLDATS. — L'ALLEMAGNE SÈME UNE PAIX EMPOISONNÉE. — L'ASTUCE ALLEMANDE TRAVAILLE. — LE PRÉSIDENT WILSON AU CONGRÈS. — L'INTERVENTION DES ÉTATS-UNIS.

Du point de vue politique, et pour l'histoire, cette quinzaine aura été, sans conteste, presque sans partage, « la quinzaine américaine ». Du point de vue militaire, les derniers jours de mars et les premiers d'avril ont été relativement calmes, et sur le front occidental, comme sur tous les autres, d'ailleurs, sauf un seul, un nouveau, le front de Palestine, n'ont été jusqu'ici marqués par aucun événement décisif. Mais il y en a sûrement de tout proches. Les Anglais d'un côté, nous de l'autre, eux par le nord, nous par le sud, nous serrons de près Saint-Quentin. Le chapelet des villages martyrs qui redeviennent terre française, — trop souvent, en effet, ce n'est plus que terre, — s'allonge entre l'Aisne et l'Oise. Le département de la Somme est libéré. Et, à l'heure où nous écrivons, nous arrive la nouvelle d'un brillant succès anglais entre Arras et Lens : la crête de Vimy enlevée, onze villages délivrés, plus de six mille prisonniers.

C'est, présentement, ce qu'on voit du plan « génial » de Hindenburg, auquel la presse allemande ne manque plus jamais d'associer son chef d'état-major Ludendorff, comme s'il eût été nécessaire de se mettre à deux pour concevoir et réaliser une si belle œuvre. Mais, dans les journaux d'outre-Rhin, et, dans certaines feuilles qui, chez les neutres, se montrent plus germanophiles que ces journaux eux-mêmes, voici que les choses s'intervertissent ; il y a transposition totale et des rôles et des mots, quoique les faits ne soient pas contestés : le « recul » de Hindenburg est, suivant ses adorateurs, une « avance », par l'unique et suffisante raison que « Hindenburg ne peut qu'avancer ». Ici, le calembour s'en mêle : il est vrai que le maréchal à la statue de bois « recule d'un pas sur le terrain », mais c'est pour « avancer de mille vers l'heureuse fin de la guerre ». On joue tout simplement sur deux acceptions différentes, ou deux nuances, des verbes « avancer » et « reculer » ; on confond l'espace et le temps, sans s'embarrasser de ce qu'il n'est pas un général d'armée qui, contraint de battre en retraite, ne puisse, tant que la paix n'est pas conclue, en dire autant pour son apologie. Le peuple allemand n'y entend pas finesse. Aveuglé par une folie d'orgueil collectif si prodigieuse que, depuis celle qui métamorphosa fâcheusement le roi Nabuchodonosor, l'histoire n'en avait point enregistré de pareille, il gobe toutes les bourdes qu'on lui jette, et croit d'une foi inébranlable tout ce que ses maîtres, empereurs, professeurs ou publicistes, veulent lui faire croire. Ce n'est pas nous, hier ou aujourd'hui, et pour les besoins de la cause, c'est, il y plus d'un siècle, Mirabeau qui a écrit : « On ne saurait s'imaginer ce que sont les gazettes pour ce peuple-ci ». Il n'en est pas à qui, précisément par la haute idée qu'il a de lui-même et de tout ce qui le touche, il soit aussi aisé de faire prendre des vessies pour des lanternes. Pensez donc ; comment l'Empereur allemand, étant ce qu'il est, le détenteur de la puissance allemande, le gardien de la sincérité allemande, le tromperait-il, lui, qui est le peuple allemand, en qui résident l'intelligence allemande, la force allemande, la vertu allemande, la probité allemande, la fidélité allemande ? Lancé sur cette voie, il ne s'arrête plus ; c'est-à-dire que rien ne l'arrête, ne le choque, ne l'avertit, ne le désabuse. Il fait son fétiche de Hindenburg, parce qu'il se complaît à se faire fétiche en Hindenburg ; ainsi le plus grand et le plus réel génie du maréchal est peut-être sa popularité. Et c'est sans doute pourquoi Guillaume II le souffre, et ostensiblement le flatte, quoique secrètement, il en souffre, après ce qui s'était passé entre eux, quelques années avant la guerre. Que Hindenburg soit aujourd'hui ce que la victoire de Tannenberg l'a fait, le bonnet de la couronne impériale, la couverture du trône, après avoir été prématurément exclu de l'activité et renvoyé dans ses foyers, quelle revanche qu'un autre n'a jamais eue, quel retour d'un Friedrichsruhe d'où Bismarck n'est jamais revenu ! En ce sens était fine et juste l'observation faite par un des nôtres, en novembre 1916, à l'occasion du recul des troupes austro-hongroises en Transylvanie, et que la *Frankfurter Zeitung* reprenait ces jours-ci, en la sollicitant et la tirant à elle : « C'est une question de prestige, et seul le prestige de Hindenburg permet d'exécuter un tel raccourcissement du front. » Cependant le prestige a des bornes comme le raccourcissement a des limites, et les limites de l'un pourraient fort bien être les bornes de l'autre. Il semble que l'Allemagne s'en doute, et que de là vienne le souci de donner à Hindenburg Ludendorff pour adjoint dans la gloire et dans la responsabilité.

Au demeurant, ce prestige, bon encore pour maintenir la résignation allemande, n'est plus capable de soutenir la cote allemande parmi les nations. Les circonstances de sauvagerie sans frein et sans excuse dont s'est entourée la retraite des Allemands sur la Somme et sur l'Oise ont achevé de déshonorer l'Allemagne. Nous en avons déjà brièvement esquissé le lugubre tableau, mais on n'en a pas d'un seul coup épuisé toute l'horreur ni retenu toute la leçon : pour ne pas encourir le reproche de trop en noircir la couleur, laissons un instant les Huns parler eux-mêmes de leur ouvrage. « De florissants villages, au milieu de champs cultivés et de potagers, ne sont plus aujourd'hui que ruines et cendres, écrit M. E. Kalkschmidt dans la *Gazette de Francfort* du 20 mars. Les grands arbres des routes françaises ont été ou bien abattus sur le chemin, ou bien sciés en partie pour pouvoir être placés au dernier moment en travers de la route. Les croisements de routes, les ponts, les canaux, les écluses ont été minés, et les chambres de mine chargées. L'ennemi ne trouve pas un rouleau de fil de fer barbelé, pas de fourrage, pas de paille, pas de voie de chemin de fer, aucune bêche, aucune pioche, aucune cave, aucun puits, et par-dessus tout, ni canons, ni fusils, ni cartouches. Les champs sur les bords des chemins ont été labourés ; l'artillerie ne pourra pas passer à côté de la route détruite et devra péniblement construire de nouveaux chemins. » Dans le *Berliner Tageblatt* du même jour, M. George Querl surenchérit : « Tout a été détruit dans la zone évacuée : plus un arbre, pas même un arbuste. Il n'y a plus ni maisons ni cabanes ; nous avons ainsi répondu au refus d'accepter notre offre de paix. Que ceux qui voulaient continuer la guerre apprennent aujourd'hui ce qu'est la guerre, dans ce qu'elle a de plus terrible. Un désert doit être créé entre l'ennemi et nous. » Et M. Hermann Katsch, dans la *Gazette de l'Allemagne du Nord* du 24 : « Le coup d'œil offert par la zone évacuée est inoubliable. Tout a été emporté : provisions de bois, planches, poutres, fenêtres, portes, rails, vieux fer, tubes métalliques, fils téléphoniques ; ce qui ne pouvait être utilisé a été brûlé. Partout des tourbillons de fumée épaisse, des coups sourds, des nuages où disparaissent les bâtiments. »

Encore prétend-on couvrir ce délire de prétextes tirés d'une utilité militaire. La dévastation, soit; qu'il n'y ait plus trace de ponts, ni de chemins de fer, ni de routes; que tout soit effacé sur la terre rasée et nue; mais le pillage et, pour appeler la chose par son nom, le vol, le vol qualifié chez l'hôte, la maison vidée de la cave au grenier, le butin partagé selon le grade, aux officiers supérieurs le rez-de-chaussée, aux subalternes les étages, le vol à main basse de tout ce qui a une valeur, de tout ce qui peut être emporté, meubles, linge, vêtements, fourrures, objets d'art et jusqu'aux portraits de famille; quelle utilité militaire; et comment cette opération, qui d'ordinaire est nocturne et se fait non par régiment, mais par bande, rentre-t-elle dans le plan « génial » de Hindenburg? « Apprenez ce qu'est la guerre, hurle-t-il, vous qui n'avez pas voulu nous accorder la paix! » Le mot « nous accorder la paix » a été employé officiellement, et il montre à merveille, sans qu'on l'ait voulu, alors même qu'on s'en défendait, à quel point l'Allemagne a besoin de la paix; il découvre également le véritable objet de la manœuvre allemande, toute de barbarie systématique, de férocité délibérée, qui se proposait la paix par la terreur. Mais pour quels enfants sans âme, sans cœur et sans nerfs, et qui n'auraient rien de plus cher que la vie, l'Allemand prend-il donc les hommes? Il est tout étonné de n'avoir pas obtenu l'effet d'effroi, de désespoir et d'abattement qu'il s'était promis. « Les Français semblent n'avoir pas encore reconnu la situation créée par notre retraite; nous nous attendions à des cris de rage à propos de nos destructions effectuées dans la zone évacuée, et nous sommes surpris de la réserve des communiqués. Le commandement et le gouvernement semblent s'être entendus à ce sujet, et la presse passe vite avec habileté à des manifestations de joie, qui cachent au peuple la sévère vérité : si l'on faisait connaître la désolation infinie qu'offre aujourd'hui la zone reconquise, la grande masse comprendrait ce que c'est que reprendre le sol par la force. »

Eh! bien, on nous l'a fait connaître, et demain il ne sera pas un Français, jusque dans le plus lointain hameau, qui ne l'ait appris par l'affichage des discours et de l'ordre du jour du Sénat; il n'y aura pas un foyer de France où cette « désolation » ne soit ressentie, et il n'y en aura pas un où, par la saine et sainte pensée qui restera, la pensée du sol reconquis, repris par la force, elle ne se change en une source de patience, d'énergie et de volonté. De joie aussi, comme dit cet Allemand, et de cette joie si française, la joie dans les pleurs, car chaque peuple a la sienne, et les Allemands, en même temps que nous, ont eu la leur. Ce n'est pas, comme on s'ingénie à les en convaincre, que, si obtus qu'il pût être, un seul d'entre eux ait l'idée absurde que, par la grâce de Hindenburg, « en reculant, ils allaient de l'avant » ! Non, ce n'est pas pour ce piètre motif que « tous montraient un visage joyeux ». Voici qui est beaucoup plus allemand.

« Il passe parmi nos troupes de l'Ouest comme une vague de joie, devant le mal qui a été fait à autrui », ricane la *Gazette de Voss*. L'autre semaine, une patriote de Berlin demandait qu'on se préoccupât dès maintenant de révéler après la guerre l'Allemagne au monde qui l'ignore. Peine désormais superflue : comme certains hypocrites qui ne se trahissent tels qu'ils sont que dans la débauche ou dans l'ivresse, l'Allemagne, telle qu'elle est profondément, perpétuellement, invariablement, s'est révélée elle-même pendant la guerre. Et le monde ne l'a pas trouvée belle ! Si peu, qu'en ses deux hémisphères et en ses cinq parties, il s'est, à force de la regarder, tourné presque tout entier contre elle.

Elle a beau se guinder en des poses fanfaronnes : elle commence à s'en inquiéter pour le présent et pour l'avenir, pour aujourd'hui et pour demain. Car, une fois battue, elle sera abattue pour longtemps. Elle feint de n'y rien comprendre. « On nous hait partout », gémit-elle, et elle ne veut voir dans cette haine que le résultat d'une espèce de conspiration universelle. Mais comment ne la haïrait-on pas, et n'est-ce pas elle qui, pendant quarante ans, autant dire depuis qu'elle existe, n'a cessé de conspirer contre le genre humain ? N'a-t-elle pas ravalé, abaissé, avili la paix et la guerre, souillé la vie et la mort ? N'a-t-elle pas renversé toutes les valeurs morales, glorifié tout ce que les hommes avaient coutume de mépriser, et méprisé tout ce qu'ils respectaient ? L'intrigue, la division, l'espionnage sont les plus innocents de ses moyens de guerre, la réserve diplomatique et policière de ses armées. Naturellement, elle devait tenter d'exploiter à son profit, au profit de la paix qu'elle appelle de son vœu secret, le grand hasard, l'aventure de la révolution russe. Cette révolution suit son double courant et coule, avec, à ce qu'il semble, une tendance à se canaliser. Au premier jour, nous y avons deviné, plutôt qu'aperçu, la main des trois agents ou facteurs principaux, les *zemstvos*, les associations ouvrières, les soldats. La majorité de la Douma, libérale, mais légalitaire, emmaillotée dans les formes, sauf quelques « extrémistes, » a été passive, a subi. Dans un pays qui a la constitution sociale de la Russie il était impossible que les paysans, qui forment plus des trois quarts de la population, se tinssent en dehors du mouvement ; et, dans un pays qui a la configuration géographique de la Russie, il était très difficile qu'ils pussent s'y mêler tout de suite. Enfin, dans un pays qui, hier encore, avait l'organisation politique et administrative de la Russie, une autocratie traditionnelle, une église privilégiée, une famille impériale, nombreuse, richement apanagée et avantagée de toute façon, une aristocratie pour qui le titre était tout ensemble titre de noblesse et titre de propriété, une bureaucratie où une race se perpétuait en une caste, et qui, extérieure en quelque manière, par ses origines, par ses attaches, par ses relations, à l'État qu'elle dirigeait, y avait accaparé et exercé pratiquement le pouvoir depuis trois siècles, il était inévitable qu'il y eût, sinon des tentatives, du moins des intentions de contre-révolution. En somme, la révolution russe aura contenu à la fois une réforme parlementaire, une insurrection populaire, un *pronunciamiento* militaire ; elle a été, ou on la pousse à être, ou elle penche à devenir démocratique, démagogique, jacobine, antireligieuse, agraire.

Les signes favorables y abondent, les signes défavorables n'y manquent pas. Il y a à louer et à espérer ; il y a à blâmer et à craindre. La Douma poursuivait un objet prochain et précis : obtenir un gouvernement, c'est-à-dire, sous le Tsar, tout simplement un ministère qui fût l'expression de l'opinion nationale ; en d'autres temps, on aurait dit : elle voulait que la Charte fût une vérité. Elle voulait transformer doucement l'autocratie absolue en monarchie constitutionnelle. Elle voulait introduire une règle dans l'arbitraire souverain. Elle eût pris, de préférence ou par transaction, pour type : 1830, et se fût accommodée, Nicolas II ne pouvant souscrire à cette diminution de pouvoir sur sa tête, de l'abdication soit en faveur du grand-duc Alexis, soit en faveur du grand-duc Michel. C'est pourquoi le moment où il a dépendu du grand-duc Michel d'accepter ou de refuser l'héritage venu inopinément, quitte à faire ensuite autoriser le legs par une consultation solennelle du peuple russe et à se le faire délivrer par une Constituante, a été un moment unique. A ce point-là, à ce moment seul, la Révolution pouvait être fixée. Mais le choix a-t-il vraiment jamais dépendu du grand-duc? Derrière la Douma, n'a-t-il pas vu la menace des autres éléments, des facteurs proprement révolutionnaires, et ce qui est arrivé au grand-duc Nicolas Nicolaïévitch pour le commandement suprême des armées ne justifie-t-il pas sa résolution négative ? Une réforme parlementaire se satisfait d'un 1830, une insurrection populaire s'arrête rarement à un 1789 ; quant à un *pronunciamiento* militaire, si la discipline la plus rigoureuse n'est immédiatement restaurée, on ne sait jamais où il va. La révolution russe n'a pas pu, aucune révolution ne peut se soustraire à la loi de toute révolution, qui est de se dépasser elle-même. On ne fait pas sa part au ferment révolutionnaire : dès que le germe en est éclos dans l'État, il l'a bientôt envahi tout entier. La Douma a été aussitôt débordée par la réunion publique de seize cents membres, — à présent deux mille quatre-cents, — ouvriers et militaires, qui, tandis qu'elle s'installait au Palais d'Hiver, l'a remplacée au Palais de Tauride. Son comité exécutif, le gouvernement provisoire, doit compter avec le Comité mixte d'ouvriers et de soldats. Composé comme il l'est dans son ensemble, et présidé comme il l'est, le gouvernement provisoire serait fait pour inspirer confiance : tout ce qu'il a dit jusqu'ici, presque tout ce qu'il a fait, est excellent. Il a très sagement apaisé une rancune, en rappelant la Diète finlandaise, en restaurant la Constitution de Finlande, trop oubliée depuis 1899 ; il a écarté un péril et déjoué une machination, en adressant sa proclamation à la Pologne. De même, en ce qui concerne l'alliance et la guerre, son attitude a été parfaite. Tout ce qu'on pourrait redouter de lui, ce serait un peu de débilité girondine : il est permis de prendre la comparaison dans notre histoire, puisque, consciemment ou inconsciemment, la révolution russe y prend en partie ses exemples, peut-être parce que les révolutions sont des gestes que les peuples portent « clichés » dans les moelles et que, dans les mêmes conditions, ils refont toujours sous le même angle. La coexistence du gouvernement provisoire et du Comité mixte ouvriers-soldats nous fait songer, malgré nous, à notre 1848, à son gouvernement provisoire et à sa Commission pour les travailleurs, avec cette aggravation que la Commission du Luxembourg ne disposait que de quelques « citoyens à cheval » comme plantons, et que celle du Palais de Tauride est formée pour moitié de « délégués » des régiments. Et plût à Dieu que l'enchaînement de nos souvenirs se rompît là, et que nous demeurions dans la candeur, légèrement teintée de niaiserie, de notre 1848 ! Mais la chaîne nous tire, et nous remontons. Voyez : l'Empereur est enfermé à Tsarskoïé-Sélo avec l'Impératrice ; ses plus anciens serviteurs le fuient ; trois fois par jour, il est soumis à une visite qui doit constater sa présence. Le haut personnel du palais a été envoyé dans les cachots de la forteresse Pierre-et-Paul, à Petrograd ; les grands-ducs sont ou emprisonnés, ou consignés, ou déportés dans leurs terres lointaines, sous la garde de commissaires. Leurs terres ? ce ne sont plus les leurs, elles sont séquestrées, comme les propriétés mêmes du Tsar, et même celles de son domaine privé. Par l'importance qu'y a la prise de possession de la terre, la révolution de Russie, sans qu'elle cesse d'imiter, est spécifiquement slave. Une révolution slave ne serait pas la révolution, si elle n'était pas agraire : et elle a premièrement, ou elle aura ce caractère jusque chez les Slovaques des Tatra, et partout où il y a quelque tribu ou quelque famille slave, fût-ce en plein fief magyar, et jusqu'aux portes de Budapest. La première chose que fait le paysan, quand il remue, c'est d'apporter un cordeau, de planter des piquets, et d'émietter le domaine du seigneur en parcelles. Mais si, par cet énorme corps des paysans ou par les pieds, la révolution russe est agraire, par sa tête, où trônent des « intellectuels », des représentants en titre de l'*intelligence*, elle est idéologique, abstraite, métaphysique. Elle est d'une part spontanée et autochtone, de l'autre artificielle et importée ; elle copie et elle improvise. Prenons garde à l'abstraction, à la dose « d'esprit classique », pour parler comme Taine, qui s'épanche d'une douzaine de cerveaux cultivés dans une centaine de millions de cervelles incultes, surtout si ce sont des cervelles slaves, avec ce que la nature russe y met d'immense, d'infini et comme d'effréné. Disons-le nettement, dans l'intérêt de l'Entente, dans notre intérêt, dans celui de la Russie et de la révolution russe elle-même. Il y a dans la révolution russe, comme il y en a fatalement en toute révolution, des symptômes aigus d'anarchie. Rien n'est perdu, ni même sérieusement compromis, tant que l'armée est intacte, et pourvu qu'elle le soit. Mais assez de régiments qui, chef et musique en tête, avec canons, bannières, banderoles et pancartes couvertes d'inscriptions, l'intention en fût-elle chaudement patriotique, viennent défiler devant la Douma ; assez de promenades militaires. Ce n'est pas à Petrograd, sous les fenêtres du Palais d'hiver, c'est vers Riga, face à l'ennemi, dont Hindenburg, avec un entêtement sournois, accumule les masses, c'est sur le Stokhod où il attaque qu'est la place de ces guerriers. Il faut qu'ils y retournent au plus vite et qu'ils y restent. Car il y a la guerre, et la révolution russe ne sauvera la Russie, elle ne se sauvera elle-même que par la méditation continuelle, par l'obsession de cette pensée. Il y a la guerre, et l'Allemagne impériale, cherchant ce qu'elle va dévorer, rôde et jette à tous les vents la semence d'une paix empoisonnée. Tous ces commis voyageurs sont en chemin : socialistes avec Sudekum, professeurs amateurs de diplomatie comme Schliemann, hobereaux comme le baron Viettinghof, il y en a à Stockholm, il y en a à Copenhague ; déjà ils font leur déballage ; et déjà, peut-être, autour de cette camelote, deux ou trois badauds se sont assemblés. Disons-le encore nettement, la franchise étant le plus impérieux des devoirs d'amitié : il faut qu'il soit coupé court à ses colloques. Ce sera user d'une modération prudente que de ne pas rechercher les écrits ou les discours antérieurs de tel ou tel, de qui seuls importent les discours et les écrits d'à présent; mais il ne peut y avoir deux actions ni deux directions ; et, pour qu'il n'y en ait qu'une, il faut que le gouvernement provisoire, tout provisoire qu'il est, soit un gouvernement, ce qu'il ne sera que s'il gouverne. La question, dont il ne servirait de rien d'essayer de taire l'angoisse, est donc aujourd'hui de savoir si le ministère du prince Lwof voudra et pourra gouverner, de savoir si le gouvernement provisoire est un gouvernement. S'il en est ainsi, comme nous l'espérons, il ne nous en coûtera pas de reconnaître que la révolution russe aura fait d'un acier plus homogène le bloc des nations qui combattent pour la justice, le droit et la liberté ; bloc que ne brisera ni la violence, ni la ruse, si l'acier n'en a point une paille.

L'Allemagne se débat sous ce bloc, dans ce cercle, dont on dirait, si on l'osait, qu'il se resserre en même temps qu'il s'élargit. Alors, après les poses avantageuses, après les appels du pied, et les défis au Ciel et à l'Enfer, elle fait des mines aimables. Le refuge et le rempart du libéralisme en Europe, c'est l'Empire. Le chef de chœur des souverains libéraux, c'est l'Empereur allemand, suprême Seigneur de la paix comme de la guerre, maître des bonnes et des mauvaises puissances. Il n'est arrivé malheur au tsar Nicolas II que parce qu'il ne l'a pas écouté. Bientôt ce sera lui, l'Empereur allemand, qui aura fait la révolution russe. Tant qu'on ne pouvait prévoir comment elle tournerait, ni si elle ne serait pas matée par une réaction, l'Allemagne accusait l'Angleterre de l'avoir provoquée, et elle en dénonçait perfidement l'auteur responsable, qui était l'ambassadeur britannique, sir George Buchanan. Maintenant, pour un peu, elle la revendiquerait. Le dessein est clair : il s'agirait de l'attirer dans son sillage, et de la faire servir à l'urgente nécessité allemande : la paix. Que Scheidemann et Noske, et Stresemann, et Müller (de Meiningen), et le chancelier de Bethmann-Hollweg en personne pérorent à leur gré, et que le comte Westarp et le comte Reventlow les objurguent et vitupèrent : que les uns refusent péremptoirement à la Prusse et à l'Allemagne les fausses et illusoires libertés que les autres feignent mollement de leur vouloir donner, c'est pure comédie ; ce sont compères et complices. On peut toujours dire à l'Allemagne, en lui montrant son Kaiser casqué et botté : « Médecin, guéris-toi toi-même ! » Et l'on peut en dire autant au comte Czernin, autre compère, de l'empereur Charles, autre complice. Cependant, au dehors, et par d'autres moyens de propagande, l'Allemagne travaille. On la retrouve à la besogne en Espagne, dans les grèves de Valladolid, dans les manifestes incendiaires ; en Grèce, son pays d'élection ; en Suède aussi, probablement, où elle essaie de rattiser le feu mourant de « l'activisme », à la faveur du changement de ministère ; dans toute la Scandinavie ; chez tous les neutres, qu'elle s'efforce tour à tour, pour les paralyser, ou d'effrayer ou de séduire.

Faite à la dernière heure, et faite à l'allemande, accompagnée d'un nouvel attentat, la grimace libérale ne pouvait ni charmer, ni tromper les États-Unis, depuis deux mois « au bord de la guerre ». Dès le 2 avril, jour où s'est réuni le Congrès convoqué en session extraordinaire, le Président Wilson s'est présenté devant lui. Il y a été escorté, porté en quelque sorte par la foule qui l'acclamait frénétiquement. L'ovation l'a suivi jusque dans la salle des séances, comble à crouler et frémissante. Il a tenu, en prenant la parole, à définir sa position personnelle. Homme de droit, parlant et agissant au nom du droit, il a voulu paraître revêtu de la sérénité du droit. « Ma pensée, a-t-il dit, n'a pas été détournée de son cours habituel et normal par les malheureux événements des deux derniers mois, et je ne crois pas que la pensée du pays ait été changée ou obscurcie par eux. J'ai exactement les mêmes idées maintenant que lorsque je m'adressai au Sénat le 23 janvier dernier, lorsque je m'adressai au Congrès les 3 et 26 février. » C'est une décision pleinement libre, et ce n'est pas une décision *ab irato*. « Chaque nation doit décider pour elle-même de la façon dont elle se conduira. Notre choix devra être fait avec une modération réfléchie et la tranquillité de jugement qui conviennent à notre caractère et à nos intérêts nationaux. » Non point que M. Wilson ne se représente vivement toute la gravité de ce choix. Il la ressent, au contraire, jusqu'au tragique, et il le dit. « C'est un devoir triste et pénible... C'est une chose redoutable... » il sait que les États-Unis n'ont peut-être jamais vécu une heure plus solennelle, et que jamais un président, depuis Washington et Lincoln, n'a eu à demander davantage à sa conscience. La longue tradition d'isolement de la République américaine, la coutume, érigée en dogme politique, de se désintéresser de ce qui ne touche que l'Europe, tout ce particularisme américain né de l'Océan et protégé séculairement par ses abîmes, tant de raisons de s'abstenir s'étaient sans doute pressées dans son esprit. Mais ce ne sont pas là les seuls principes, et même ce ne sont pas vraiment les principes fondamentaux sur lesquels « les pères de la Constitution » ont voulu que la Confédération reposât. Le poing dont l'Allemagne a ébranlé les fondements de toute société civilisée a été trop brutal et trop sacrilège : il est allé, par delà l'Océan même, frapper et meurtrir ce que les Américains ont toujours déclaré tenir, eux aussi, pour « plus cher que la vie » ; dès lors, la neutralité ne leur a plus été « ni possible, ni désirable ». Les États-Unis entrent donc dans cette guerre, qui n'était pas la leur, parce que « le droit est une chose plus précieuse que la paix ». Leur droit, à eux, premièrement, car ce n'est pas leur intérêt qui a dicté leur sentiment, on ne saurait assez l'affirmer, mais il se trouve que leur sentiment suit la même pente que leur intérêt : le droit de faire ce qu'ils veulent, d'aller où ils veulent, d'acheter et de vendre à qui ils veulent ; le droit, en un mot, d'être neutres, et ils ne cessent de l'être que parce qu'on ne leur a pas permis de l'être. Mais, deuxièmement, ou simultanément, le droit des autres, qu'il vaut mieux nommer le droit des hommes ; ce qu'au XVIIIe siècle les Américains furent les premiers à nommer « les droits », si c'est nous qui généralisâmes, si c'est la Révolution française qui ajouta : « de l'homme » ; et c'est à savoir : la liberté, la sûreté de la personne et des biens, la résistance à l'oppression. Ce second point culmine et domine. C'est comme le feu allumé sur la hauteur. Jamais une guerre n'eut ce caractère. Jamais un État ne fut, comme l'est l'Empire allemand, mis, d'un arrêt presque unanime, au ban de l'humanité. Ou du moins il y a très longtemps, quand se heurtèrent déjà la civilisation romaine et la barbarie germanique, dans un passé que l'on croyait aboli : alors tout ce qui était homme, et qui ne l'était pas seulement par la figure, dut se révolter sous la blessure et sous l'outrage, mais la zone de protection contre la barbarie s'est agrandie de tout ce que, dans l'ancien et dans le nouveau monde, la civilisation a gagné. L'interdiction, l'excommunication est aujourd'hui plus que méditerranéenne, et même plus qu'européenne ; elle est, dans toute l'étendue du terme, universelle.

D'autres, prenant texte de la coïncidence des faits entre la révolution russe et l'entrée en guerre des États-Unis, ont souligné et souligneront le caractère démocratique d'une guerre où ils verraient volontiers, par réminiscence et reviviscence, une guerre de propagande, de prosélytisme. Et il serait naturel qu'une considération de ce genre ne fût pas absente des résolutions prises par une nation historiquement démocratique et chez qui, théoriquement, la démocratie a trouvé, outre ses docteurs et ses législateurs, tels un Hamilton, un Madison, un Jay, ses mystiques, ses prophètes, ses poètes, tels un Bancroft, un Walt Whitman. Mais il y aurait là-dessus, tant sur l'idée elle-même que sur son avenir, que sur les conditions de la démocratie dans la guerre et dans la paix, beaucoup à dire, et il n'en faut pas trop dire. Ce qu'il y a de hautement significatif, en même temps que d'incontestablement nouveau, c'est la volonté, déclarée par les onze Puissances maintenant parties en croisade contre l'Allemagne, de punir ses crimes et leurs auteurs, de l'en châtier collectivement et de les en châtier personnellement. Si cette épouvantable et exécrable guerre aboutissait à établir une sanction pénale du droit international et à l'exécuter, malgré les torrents de sang et de pleurs qu'elle aura fait répandre, elle se solderait par un bienfait; nous aurions fait alors un de ces petits pas par quoi se mesure, misérablement, le progrès à travers les âges.

L'intervention des États-Unis, sous ces divers rapports, est avant tout chargée de sens moral, mais il convient de n'en point rabaisser l'importance même matérielle. Ce que la République américaine met à la disposition de l'Entente, ce sont toutes ses forces et toutes ses ressources, aux termes mêmes de la résolution, adoptée au Sénat par 82 voix contre 6, à la Chambre des représentants par 373 contre 50, et ratifiée, au préalable, par l'acclamation populaire. Et ce sont des forces et des ressources immenses; une richesse sans fond, une production ou une productivité sans fin, une très grande puissance navale, une puissance militaire qui, faible encore en raison des circonstances de l'histoire et de la géographie américaine, peut se développer très rapidement. Dix mille soldats américains sur les champs de bataille de l'Europe ne seraient évidemment qu'un symbole ; et cinq cent mille même ne seraient qu'un appoint; mais quinze milliards en or dans les caisses de l'Union, à la quatrième année de guerre, et l'afflux du fer, aussi précieux que l'or, et le blé, aussi nécessaire que l'or et le fer, c'est la victoire. La victoire totale, avec les réparations, les expiations et les garanties. L'Allemagne impériale, condamnée par la Haute-Cour des nations, n'esquivera pas une sentence que le monde entier a prononcée. C'est écrit. *Securus judicat orbis terrarum.*

IX

1er mai

ATTAQUES SUR TOUT LE FRONT. — L'OFFENSIVE DU 16 AVRIL. LE PRESTIGE DE HINDENBURG. — OBSCURITÉ ET CONFUSION DU CÔTÉ RUSSE. — DÉCOMPOSITION DE L'ARMÉE. — L'ALLEMAGNE ASSURE LE PASSAGE DE LENINE. — LE ROI DE PRUSSE PROMET LA RÉFORME DU LANDTAG. — LA PRUSSE NE SE CONÇOIT QU'A L'ÉTAT MILITAIRE. — LA CONFÉDÉRATION MORALE DES NATIONS DE SANG IBÉRIQUE. — LE PRUSSIEN NE SE « LIBÈRE » PAS.

Les événements qui se succèdent et pour ainsi dire s'accumulent sur presque toute la surface du globe fournissent à la chronique, en attendant l'histoire, une matière d'une masse et d'une densité telles qu'on ne sait plus comment l'aborder. Nous n'avions pu, la dernière fois, et en toute dernière heure, qu'annoncer d'une mention hâtive la victoire anglaise au Nord de la Scarpe : « la crête de Vimy enlevée, onze villages délivrés, plus de six mille prisonniers ». Dans les journées qui ont suivi, cette victoire s'est magnifiquement développée, et comme épanouie ; elle a fleuri et fructifié, malgré le printemps le plus maussade dont on puisse se souvenir. La *Revue* n'avait pas encore paru que ce n'était déjà plus de 6.000 prisonniers qu'il fallait parler, mais de plus de 11.000, avec plus de 100 canons, 60 mortiers de tranchée et 160 mitrailleuses. Aujourd'hui, le compte semble établi à plus de 14.000 prisonniers et 228 canons. Mesurons maintenant le succès sur la carte. L'armée britannique, par de glorieuses étapes qui s'appellent Neuville-Saint-Vaast, Carency, Souchez, Givenchy-en-Gohelle, Angres, a investi et occupé Liévin, inaugurant ainsi la reprise du pays minier, du pays noir, qu'elle a naturellement trouvé dévasté et ruiné comme le pays vert. Elle s'est avancée jusqu'aux portes de Lens, jusque dans Lens même, puisqu'elle tient la cité Saint-Pierre, et que, d'ailleurs, Liévin, Lens, les deux villes s'allongent en quelque sorte l'une vers l'autre, ne sont, ou n'étaient, avant l'invasion, qu'une seule ville. Par une pression simultanée, le maréchal sir Douglas Haig accentuait énergiquement la menace que, depuis plusieurs semaines, il dessinait contre Saint-Quentin. Ses troupes s'en approchaient par le nord-ouest et par l'ouest, s'établissant progressivement sur une ligne qui, au sud de la route de Bapaume à Cambrai, et à peu près parallèlement à la route de Cambrai à Saint-Quentin, part de Boursies, pour aboutir à Fayet et à Selency, qui ne sont qu'à « quelques centaines de mètres » de l'ancien chef-lieu du Vermandois. Ce n'est pas tout. L'armée britannique a une troisième et une quatrième pointes, dirigées vers Douai et Cambrai. Quand on regarde une carte à petite échelle, on voit que son offensive rayonne d'Arras au nord, vers Lens ; au nord-est, vers Douai ; au sud-est, vers Cambrai ; au sud ou au sud-[illegible] toujours, mais plus bas vers Saint-Quentin ; elle y tend, par surcroît, du nord-ouest ou de l'ouest, de Bapaume ou de Péronne. Et il est clair qu'entre ces quatre directions, l'espace ne demeure pas vide. Une formidable infanterie, une artillerie plus formidable encore l'emplissent de mouvement, de bruit et d'action. A l'est d'Arras, des deux côtés de la Scarpe, la marche en avant a recommencé.

A cette brillante offensive des Anglais, notre offensive, à nous, ne pouvait manquer de donner la réplique. Elle s'est, en effet, déclenchée, le lundi 16 avril, de grand matin, « sur une étendue de quarante kilomètres », et elle a, de prime assaut, réduit en notre pouvoir, dans le secteur le plus occidental, entre Soissons et Craonne, toute la première position allemande. Dans le second secteur, à l'est de Craonne, nos troupes ont enlevé la deuxième position ennemie. Le mardi 17, nous avons élargi notre action à l'est de Reims et, sur un nouveau front de quinze kilomètres, également « enlevé toute la première position allemande ». En même temps, nous conquérions, au sud de Moronvilliers, et sur une distance de onze kilomètres, « une ligne de hauteurs solidement organisées, depuis le Mont-Cornillet jusqu'à l'est de Vaudesincourt ». Puis, sur trois autres kilomètres, autour du village d'Aubérive, nous brisions le saillant puissamment fortifié que formaient les lignes ennemies. Ces résultats, qui n'étaient que de premiers résultats, étaient fort beaux ; mais il sera sans doute permis d'avouer, maintenant qu'ils ont été consolidés et agrandis, qu'ils parurent d'abord médiocres, au gré de notre impatience. Au gré aussi de notre ignorance, qui ne tenait nul compte des difficultés que la nature et l'art infernal des Allemands avaient comme à l'envi entassées dans ce coin. Un simple coup d'œil jeté, si l'on pouvait le faire, sur le « plan directeur » aurait vite fait de renverser cette impression non moins fausse qu'injuste. Loin de nous étonner que nos soldats n'aient pas, principalement à notre gauche, tout emporté du premier coup, il faut nous émerveiller qu'ils en soient venus à bout du second. Il faut les admirer, les féliciter et les remercier. Ce serait un énorme travail de débrouiller, sur le papier seulement et de rompre, rien que par l'esprit, toutes ces mailles d'un filet diabolique qui s'entre-croisent et s'emmêlent. Juger de ce que ce devait être sur une terre détrempée et fondante, sous des rafales de pluie et de neige, quand on était obligé d'y aller de tout le corps, des pieds et des mains, en face d'ennemis nombreux, serrés comme des grains de sable, couverts par une abondante artillerie, et animés à résister avec acharnement !

Pourtant, nos imaginations, affranchies de ce que la réalité comporte nécessairement de lenteur et de pesanteur, fouettées par d'immenses espérances, aiguillonnées par le spectacle affreux du martyre de la patrie, avaient volé, d'un battement d'ailes, jusqu'à Laon ; et le fait est que, le mardi matin, nos troupes, à bout d'haleine, s'étaient arrêtées au bas des pentes du plateau. Mais, le mercredi, elles les escaladaient, après avoir emporté les villages de Chavonne, de Chivy, tout le terrain jusqu'aux abords de Braye-en-Laonnois. Dans la suite, nous nous emparions, au Nord de Chavonne, du village d'Ostel, du village même de Braye-en Laonnois, de tout le terrain jusqu'au Tilleul de Courtecon, où nous croisions le légendaire Chemin des Dames. L'un après l'autre, nous prenions, de gauche à droite, dans les coupures qui, du sud au nord, entament le plateau, Laffaux, Nanteuil-la-Fosse, Sancy, Jouy, Aizy. « Sur la rive sud de la rivière, — ce sont les termes du communiqué, — une attaque vivement menée nous donnait la tête de pont organisée par l'ennemi entre Condé et Vailly, ainsi que cette dernière localité tout entière », ce qui faisait aussitôt tomber le fort de Condé-sur-Aisne. Le deuxième secteur, celui de Craonne, est un pays prédestiné à l'histoire et tout retentissant de noms illustres. Voici, autour de Craonne même, à l'ouest, la ferme de Heurtebise, le plateau de Vauclerc, que nous tenons ; à l'est et au sud-est, Juvincourt, que les Allemands nous disputent âprement, la Ville-aux-Bois, contre laquelle ils exercent en vain leur fureur. Puis nous entrons, par Berry-au-Bac, Sapigneul et le Godat, qui forment liaison, dans le troisième secteur, à jamais célèbre, lui aussi, le secteur de Reims. Nous battons l'ennemi, à Berméricourt, à Loivre, à Courcy, dans le périmètre du fort de Brimont qui, dit-on, ne répond plus. De l'autre côté de Reims, nous nous sommes installés sur la chaîne de hauteurs qui court du Mont-

Cornillet au Mont-Haut, à la Cote 217, au bois de Moronvilliers, positions réputées longtemps inexpugnables, et que, de la vallée de la Suippe, nos jeunes officiers allaient considérer, l'année dernière, avec envie, comme autant de cimes interdites.

Là semble s'arrêter, pour l'instant, ce qu'on appelle déjà la « bataille de France » ; les combats qui, par intervalles, se livrent plus à l'est n'étant encore qu'épisodes accessoires ; et tel en est le bilan, topographiquement dressé. Soixante-dix kilomètres, ajoutés à la centaine de kilomètres, au plus, que couvre le front britannique, en font, répétons-le, un des drames les plus gigantesques de cette gigantesque guerre, et suffiraient à prouver que, pour vaste qu'il soit, le mouvement est point unique. 14.000 prisonniers et 228 canons au compte des Anglais, 19.000 prisonniers et plus de cent canons, chiffres provisoires, au nôtre [illegible] ensemble 33.000 hommes et 330 canons [illegible] par lesquels se solde, ou du moins [illegible] liquider la retraite « [illegible] » de Hindenburg [illegible] Ah ! lui qui cette [illegible] plus grands souvenirs, et qui connaît [illegible] une retraite vraiment [illegible] [illegible]

[illegible]

troupes ne soient pas arrivées à Laon dans les quarante-huit heures, craignent-ils, de la part du maréchal, un arrêt subit, un retour brutal, le coup de tête du bélier. Tandis que nous pressons sur ses ailes, et que nous pesons dessus pour les briser et que nous décrivons des cercles autour d'elles pour les paralyser et les abattre, qui sait, pensent-ils, ce qu'il médite et ce qu'il nous réserve sur notre centre ? Mais s'ils pensaient premièrement que nos généraux, à nous, pensent aussi, et que leurs moyens, dans tous les sens du mot, ne sont pas moindres ? Les Allemands avaient là dix-neuf divisions ; ils en ont, de plus, ramené douze : ils opèrent, vers Laon ou vers Saint-Quentin, une concentration énorme, on le veut bien, ou, du moins c'est possible. Et après ? De même que les impatients seraient apaisés, s'ils avaient mieux connu les difficultés du terrain, de même leur inquiétude tomberait, leur vague-à-l'âme se dissiperait, s'ils savaient combien d'hommes de toutes armes et combien de pièces de tout calibre nous avons massées dans cette région. Nous ne pouvons qu'avoir confiance, et on oserait dire une confiance « joyeuse », si tant de sang versé, tant de douleurs inévitables, ne devaient à l'avance bannir la joie de nos cœurs, pour en faire quelque chose de grave, de solennel, et comme de religieux. Mais, à nous en tenir au prestige de Hindenburg, c'est, à la vérité, une faute que de ne point assez estimer l'adversaire, et telle bataille, sans doute, a été perdue pour l'avoir commise ; mais c'est la faute contraire, qui se paie aussi cher que de l'estimer trop. Un homme ne vaut jamais seulement ce qu'il vaut, mais ce qu'il vaut, plus ce qu'on croit qu'il vaut. Ne rapetissons pas celui-ci, mais non plus ne le grossissons pas outre mesure, *Non far idolo un nome*. Il y a une fente dans le bois de l'idole ; ne la bouchons pas de notre propre main. La foi populaire dans le maréchal baisse visiblement en Allemagne même : ne lui donnons pas d'aliment ; ne contribuons pas de nos deniers au culte du dieu étranger.

Les autres fronts, malgré quelques sursauts intermittents, sommeillent un peu. Ils dorment même un peu plus longtemps qu'on ne le souhaiterait pour une complète et pleinement efficace concordance des poussées. Le front italien a été depuis trois mois immobilisé par la prévision, fondée sur de sérieux indices, d'une nouvelle et plus redoutable attaque austro-allemande débouchant du Trentin, et venant frapper le royaume à son point le plus sensible, en Lombardie ; péril qui, maintenant, paraît heureusement évité. L'armée de Macédoine est retenue, entravée par les machinations de la Grèce royale, qu'elle a toujours et qu'elle sent toujours dans son dos. Le front roumain a traversé toute sorte de péripéties : on a dit que Mackensen se préparait par là à une « chevauchée de butin », à une razzia de blé, vers Odessa, la Bessarabie et les Terres Noires ; et puis, au contraire, que ce front allait être sinon raccourci, du moins aminci, et subir un « repli élastique », dans le style de Hindenburg ; on dit, à présent, de temps en temps, que le canon y tonne. Non pas seulement le canon roumain, mais le canon russe, et la nouvelle en serait bien accueillie. L'Allemagne aurait reporté ses projets sur le secteur septentrional, sur la Dwina et le rivage de la Baltique ; et ces deux résolutions seraient plutôt successives que contradictoires ; entre les deux, il y aurait tout simplement la révolution russe. Il est impossible, Hindenburg ayant la tête faite comme il l'a faite, et ayant employé sa vie comme il l'a menée, qu'il n'ait pas eu l'idée obsédante de profiter du désordre (c'est l'expression la plus modérée dont on puisse user) créé par la chute de l'ancien régime et prolongée par la peine qu'a à s'instituer solidement le régime nouveau pour prouver son génie en satisfaisant sa monomanie et réaliser son grand dessein en marchant sur Petrograd. On signale, dans cette direction, des mouvements de troupes qui coïncident et semblent combinés avec des mouvements suspects de la flotte allemande vers Libau. Cependant, ce qui se passe en Russie, à l'intérieur et aux frontières mêmes demeure confus et obscur. Nous avons le droit et le devoir de le dire, au nom de la cause commune, précisément pour que nos amis l'entendent, et si l'ennemi doit l'entendre comme eux, nous ne courons pas le risque de lui apprendre ce dont il est aussi bien et probablement mieux instruit que nous. Ce qui continue de se passer en Russie, à l'intérieur et aux frontières, nous préoccupe. L'état de l'armée, en premier lieu, et celui des usines de guerre. Ce n'est guère, ce n'est point du tout le moment de chercher des formes de discipline inédites, modernes, électives, démocratiques et socialistes, parce qu'il n'y en a pas, parce que l'armée est hiérarchie, et parce que la hiérarchie est subordination ; ou parce qu'alors il n'y a plus d'armée, il n'y a plus qu'une foule, qui, comme toute foule, n'est que cohue. En second lieu, l'état politique, la crise de l'autorité. Nous voyons bien un gouvernement, dont l'existence, la composition, les intentions, les actes, les discours, les propos nous rassureraient, si nous étions certains de ne pas entrevoir derrière lui un organe parasitaire qui tend, d'une volonté obstinée et têtue, à se faire le gouvernement du gouvernement. Et quel organe ! Irradiant et proliférant, envahissant, tentaculaire : un Comité, d'abord de seize cents membres, ouvriers et soldats, puis, comme nous l'avons noté, de deux mille quatre cents, puis, à présent, de trois mille cinq cents, avec des sous-comités, exécutif, consultatif, qui siègent en permanence, grouillent, s'agitent, pérorent, décrètent, disposent, imposent, font leur cuisine, mangent et couchent au Palais de Tauride. Ce Comité a, en paroles, la bonté de laisser au gouvernement provisoire la décision et la responsabilité, mais ce n'est qu'une sagesse toute verbale, puisqu'il se réserve le contrôle, avec sa sanction révolutionnaire, la désobéissance, ou l'opposition ouverte, et qu'il est aisé de deviner ce que peut être un contrôle exercé par trois mille cinq cents meneurs qui se sont en réalité désignés eux-mêmes, et de qui l'auto-investiture nous révèle que ce sont les plus exaltés, les plus remuants, les plus intrigants ou les plus violents, les plus audacieux. Quoique, dans l'armée, des efforts sincères soient faits pour restaurer le commandement, qui ne viennent pas seulement des généraux, et auxquels les soldats eux-mêmes s'associent, il y a encore trop de réunions, trop de manifestations militaires, trop d'ordres du jour votés par les troupes, lorsqu'il suffit qu'il y ait des ordres, et qui ne soient pas mis aux voix. Les désertions, au début, avaient été assez nombreuses. A l'image de la nation, l'armée russe est une armée de paysans. Spontanément ou sur provocation, tant on leur répétait ou ils se répétaient qu'on allait partager les terres, et que ce serait tant pis pour ceux qui ne seraient pas là, ils étaient partis pour leur village. On nous annonce qu'ils en reviennent, et on nous donne à espérer que, dans un mois ou dans six semaines, l'armée russe, remise en main, sera prête à recevoir le choc, instruite par la leçon du Stokhod, ardente à maintenir la jeune liberté, embrasée, comme d'un feu nouveau, de l'enthousiasme républicain. Il nous est agréable d'en accepter l'augure. Mais comment oublier que d'ici à un mois ou six semaines c'est le destin d'un siècle qui peut être joué ?

D'autant plus que la manœuvre parallèle de l'armée allemande s'accompagne d'une manœuvre enveloppante de la diplomatie austro-allemande, à laquelle collaborent, en un accord édifiant, les chancelleries et la social-démocratie. Le signal de cette seconde manœuvre a été donné le 12 avril, de Stockholm, à un journal hongrois ; c'est le gouvernement autrichien qui l'a intercepté, et c'est le ministre impérial et royal des Affaires étrangères, le comte Czernin, qui, dès le 15, s'est empressé d'y répondre. Le gouvernement provisoire de Russie venait de publier, le 14, une déclaration, dont il plaisait au comte Czernin de retenir que ce gouvernement ne se proposait « ni d'opprimer d'autres peuples, ni de leur enlever leur patrimoine national, ni de s'emparer de territoires étrangers, mais qu'il veut, tout à l'opposé, déterminer une paix durable, fondée sur le droit des peuples à disposer d'eux-mêmes ». Saisissant la balle au bond, l'Autriche-Hongrie, cette colombe, par la bouche de son ministre, roucoulait : « Mais alors, on peut s'entendre ! » — « Parfaitement, on peut s'entendre ! » appuyait, de Berlin même, une plus grosse voix, sous le masque de l'officieuse *Gazette de l'Allemagne du Nord*. L'indépendance des peuples, le respect de leur patrimoine national, leur droit de disposer d'eux-mêmes, la paix durable, c'est notre affaire ! » Sans perdre une minute, on ramassait en Suisse tout ce qu'on trouvait de proscrits russes, en Hollande, en Scandinavie, chez les neutres, et hélas ! chez certains belligérants, tout ce que le socialisme neutraliste et pacifiste entretient d'ambassadeurs en disponibilité. En dépit de l'encombrement, l'administration des chemins de fer de l'Empire faisait chauffer un train spécial, et par la voie la plus rapide acheminait les missionnaires vers le théâtre de leurs travaux. Tandis que la plupart s'arrêtaient, par force, en Suède, le Russe Lénine rentrait dans son pays, mais ses théories, si ce n'est sa personne, n'y rencontraient pas, il n'est qu'équitable de le reconnaître, auprès des extrémistes eux-mêmes, l'adhésion qu'il s'était promise. Les ovations qu'il souleva furent parfois des ovations au rebours ; et il semble que l'influence de Plekhanoff, montrant que l'avenir de la démocratie naissante était, pour la Russie, lié étroitement à la victoire sur l'Allemagne, ait finalement triomphé de la sienne. Mais voilà où l'on en est à Pétrograde ; et c'est ce qui appelle et fixe la réflexion. On en est à établir, par raison démonstrative, la nécessité de la victoire. On discute l'indiscutable, la guerre, qui dure, s'exaspère, et se décide, pendant qu'on la discute. Notons qu'il ne s'agit plus des buts de guerre, mais du fait même, du fait acquis, actuel, urgent, impératif, impitoyable, de la guerre. Que le gouvernement provisoire, après le Comité du Palais de Tauride, que le prince Lvoff, son président, que M. Milioukoff, ministre des Affaires étrangères, revenant sur des déclarations antérieures, renoncent, pour le jour où la paix sera possible, à toute pensée d'annexion ou de conquête, qu'ils répudient la tradition russe, refusent le testament de Pierre le Grand, abandonnent Constantinople et les Détroits, cela les regarde, cela ne regarde qu'eux.

Mais « pour le jour où la paix sera possible ». Ce jour n'est pas encore venu. La paix, présentement, est impossible. Elle est impossible, d'abord, il faut le dire franchement, parce que les Empires du Centre et leurs complices en ont un trop vif désir, marquent trop qu'ils en ont le désir, et, en même temps qu'ils le marquent, laissent trop voir qu'ils nous tendent un piège, et que ce qui serait pour eux une paix « pleine d'honneur », et un bon marché, ne serait pour nous que déshonneur et duperie. Même s'ils nous disaient, ce qui pourrait arriver, dans la gêne extrême où ils sont, qu'eux aussi, ils se contentent d'une paix sans annexions et sans conquêtes, même dans ce cas, nous nous méfierions. Mais ils en sont toujours, au moins leur recteur de Munich et leur Reventlow, à parler de « saigner la France à blanc », de ne point lâcher la Belgique, de garder le bassin de Briey, et de nous extirper à tous, les États-Unis compris, qui garantiraient la créance, une indemnité de cent milliards. C'est ce que la Russie doit savoir, c'est ce qu'elle ne peut pas, une heure de plus, négliger. Trop de forces de dissociation, de races, de classes, d'opinions ou de sentiments tirent son unité et sa puissance à quatre chevaux, l'écartèlent et la désagrègent. Trop de politique et trop de politiciens la dissolvent. Il est indispensable, pour elle, pour nous, pour tous, qu'elle se ressaisisse et se raffermisse. Le premier besoin de la Russie, au sortir de ce bouleversement, est de se rasseoir dans une organisation quelconque, et de n'avoir ni deux gouvernements, ni trois, ni plusieurs, mais d'en avoir un.

Les révolutions, comme les tremblements de terre, se propagent par ondes qui vont s'affaiblissant. Par le grand ébranlement russe, l'Allemagne meme a été secouée, ou obligée à feindre de l'avoir été, car la sincérité de ses social-démocrates et de ses radicaux d'antichambre est douteuse. Il n'empêche que Guillaume II, ne fût-ce que pour se donner figure de souverain libéral et pour soutenir le personnage que son chancelier s'est mis en tête de lui faire rétrospectivement représenter, du prince qui prodigue aux autres les bons conseils, a dû rendre un rescrit, en tant que roi de Prusse, promettant à son peuple la réforme du Landtag. Ce n'est qu'un engagement à terme, valable seulement après la guerre, mais il se pourrait que, sous la pression des circonstances, l'échéance s'en rapprochât. On connaît le système électoral par lequel est nommé le Landtag prussien ; à base jalousement censitaire, vraie pyramide d'impôts, dit système « des tiers », et que Bismarck proclamait sans ambages, tout en le maintenant sans vergogne : « le plus misérable des régimes électoraux ». Il s'agit, pour les uns, du moins ils le font sonner haut, de lui substituer le suffrage universel, égal, direct et secret ; pour d'autres, de trouver un compromis, un moyen terme, entre cet expédient démodé et le suffrage universel. Une Commission va s'en occuper ; c'est tout ce qu'on en peut dire, et c'est en dire tout. En 1848, 1849 et 1850, une autre Commission s'est occupée déjà de quelque chose de pareil; Frédéric-Guillaume IV lui préféra ses chasseurs et ses grenadiers. Cependant les grèves se multiplient et tournent à l'aigre, notamment dans les usines métallurgiques, à Berlin, à Essen, à Hambourg, un peu partout en Allemagne. Autant qu'on peut le discerner, elles procéderaient de deux causes. Il y aurait d'abord une question d'estomac, une *Magenfrage*, question redoutable en ce temps-ci. Et il y aurait, en outre, une question politique, mais ce pourrait n'être qu'une comédie. Sans vouloir faire une assimilation forcée, remarquons que c'est ainsi que la révolution russe a commencé et ainsi, au surplus, que toutes les révolutions commencent. La tête ne s'échauffe jusqu'à l'explosion que quand l'estomac se refroidit. A quoi le gouvernement prussien se flatte d'obvier en prenant des airs généreux, en invoquant ou évoquant « la royauté populaire des Hohenzollern ». Nous connaissons l'antienne ; tous les théoriciens et les juristes des neuf universités de la Prusse l'ont chantée. Elle n'est que la paraphrase d'un mot du Grand Electeur, disant en latin (puisque, jusqu'à Frédéric II, les rois de Prusse n'ont point aimé à parler allemand) : « *Sic gesturus sum principatus, ut sciam rem esse populi, non privatam.* » Ce n'est donc que la glose d'un texte. Elle vaut ce qu'elle vaut : pratiquement, effectivement, elle ne vaut rien. Pas plus que ne vaut la chimère d'une future « démocratie allemande ». Un de nos meilleurs historiens s'impatiente et presque s'indigne de l'illusion qui tend à séparer l'un de l'autre et à opposer l'un à l'autre le peuple allemand et le gouvernement *impérial* ou le militarisme allemand, celui-ci agressif, bargneux et odieux, insociable, et l'autre qui, libéré, pourrait rentrer en grâce dans la « société des nations ». Il n'y a pas, selon lui, de plus pure ni de pire utopie, de construction d'esprit plus anti-historique. Comme si la guerre n'était pas l'industrie nationale de la Prusse, et comme si l'Allemagne pouvait sinon se concevoir, du moins se réaliser autrement qu'à l'état de nation militaire! De par les lois profondes de sa nature et de son être, elle y est éternellement condamnée, et la « démocratie allemande », à ce point de vue, serait exactement ce qu'est l'Empire allemand : un voisin avec lequel on ne saurait ni traiter en confiance, ni vivre en sûreté.

Mais le monde entier, — les neutres presque autant que les belligérants, — souffre et témoigne par des crises d'un trouble qui va de l'inquiétude à l'angoisse, d'un malaise croissant aux plus cruelles douleurs. En cette seule quinzaine, nous en avons eu ou nous avons failli en avoir quatre ou cinq. Après la crise suédoise, par laquelle le ministère Swarz a remplacé le ministère Hammarskjoeld, sans que la différence entre les deux fût très sensible, si ce n'est en ceci que le nouveau président du Conseil serait plus porté que l'ancien (qui, du reste, contrariait là-dessus l'inclination de son propre ministre des Affaires étrangères, M. Wallenberg) à conclure une convention maritime avec l'Angleterre, nous avons eu la crise autrichienne avortée. Trois ministres, deux Allemands, MM. Urban et Baernreither, un Slave, M. Bobrinski, avaient paru sortir du Cabinet Clam-Martinitz; mais les deux Allemands sont revenus, M. Bobrinski est resté dehors. Ce n'est qu'un incident, mais qui pourrait bien envelopper le conflit toujours latent et de plus en plus aigu, dans la Monarchie, des nationalités et des langues. A cet égard, il se trame, à Vienne, on ne sait quoi : peut-être une espèce de *home rule*, polonais ou galicien, qui expulserait doucement du Reichsrath, où ils disposent de la majorité, en la déplaçant à leur gré, les représentants de ces provinces, sous couleur de leur octroyer des institutions nationales et un parlement autonome. La position du ministère Clam-Martinitz n'en reste pas moins précaire et chancelante. Sur l'autre rive de la Leitha, dans le royaume comme dans l'empire, crise larvée : combat de comtes de qualité et d'authenticité diverses, des comtes Jules Andrássy, Apponyi, Károlyi, contre le comte Étienne Tisza ; querelle de seigneurs, de magnats de couloirs et de clubs, à laquelle la rue se mêle et dont on ne sait trop comment elle finira. Fausse crise, en Grèce, chez le roi Constantin. M. Lambros brûlerait, assure-t-il, de retourner à ses chères études. Son auguste élève l'a retenu. Il a beau consulter les chefs de partis; il ne voit pas grand'chose après cet archéologue. Celle-là, la crise grecque, on le sent, pourrait devenir tôt ou tard plus qu'une crise ministérielle. La dernière crise, l'espagnole, dépasserait en portée toutes les autres, s'il était certain que M. Garcia Prieto, marquis de Alhucemas, ne continuât pas tout bonnement le comte de Romanonès et ne fût pas forcé, comme lui, par une fatalité plus puissante que les hommes, de « continuer l'histoire d'Espagne ». Dans le noble message par lequel il a demandé au Roi son congé, et fait ses adieux au peuple, le comte de Romanonès a insisté sur deux points : sur la nécessité pour l'Espagne de persévérer dans la voie où elle s'est engagée en 1912, par ses accords avec nous, et cela nous touche directement; sur l'intérêt primordial qu'elle a, comme dépositaire du patrimoine spirituel d'une grande race, à « présider la confédération morale de toutes les nations de son sang ». On ne pouvait dire mieux, et personne ne pourrait dire plus. Voici, en effet, que se forme la Confédération morale de toutes les nations de sang espagnol. La République cubaine, sans mesurer la taille du colosse, a déclaré la guerre à l'Allemagne, malgré la rébellion préventivement fomentée de José Miguel Gomez. D'autres États de l'Amérique centrale, malgré la flamme allemande entretenue au Mexique par d'étranges vestales; les plus grands États de l'Amérique du Sud, malgré les discordes intestines que les mêmes mains criminelles s'appliquent à envenimer; dès hier le Brésil, aujourd'hui la République Argentine, demain sans doute le Chili, le Pérou, la Bolivie, ont adopté, adoptent ou adopteront une attitude de plus en plus ferme, mais qui, dès maintenant, ne saurait être plus nette. Ils feront tous ensemble le geste latin, resserreront entre eux la confédération des nations de sang ibérique. Mais cette alliance, plus étroite entre les États de l'Amérique du Sud, se noue autour des États-Unis de l'Amérique du Nord. C'est aux étoiles que vont s'ajouter ces étoiles nouvelles, c'est sur Washington que se lève la constellation. Le panaméricanisme sera-t-il livré à lui-même? Les liens antiques, les liens héroïques seront-ils définitivement tranchés et, de la confédération de toutes ces nations de son sang la nation-mère demeurera-t-elle seule volontairement absente?

M. Lloyd George, dans un discours dont il n'y a nulle exagération à dire que c'est un des plus beaux qui aient jamais été prononcés, a clairement défini ce qu'il faut entendre par « la ligne de Hindenburg ». Elle n'est, cette ligne, ni sur l'Escaut, ni sur la Scarpe, ni sur la Somme, ni sur l'Oise, ni sur l'Aisne, ni sur la Meuse. Peut-être serait-elle au Rhin, mais sûrement elle est entre la Germanie et le monde civilisé. C'est comme la fameuse ligne, tirée d'un coup de doigt sur la sphère, par le pape Alexandre VI et qui partageait l'univers en deux moitiés, une à l'Espagne et l'autre au Portugal. De même ici; les Allemagnes d'un côté, l'humanité de l'autre. Ce n'est pas la ligne, c'est le fossé de Hindenburg, et ce fossé est un abîme. La « démocratie allemande », une république ou des républiques allemandes ne feraient pas qu'il n'existe plus; des formes et des formules ne le combleraient pas. Il n'y avait pas d'Empire allemand, du type que Bismarck a créé, il n'y avait pas même de Prusse, lorsque Froissart, ayant vu, par essaims, par nuées, « s'avaler » tous ces pillards « vers Malignes, vers Brousselles, vers Nivelle et Mons-en-Haineau », s'écriait : « Maudits soient-ils, ce sont gens sans pitié et sans bonneur, et ossi on n'en deveroit nul prendre à merci ! » Une nation ne s'évade pas de son être; le Prussien ne se libère pas. Le plus cosmopolite des socialistes minoritaires serait, au pouvoir, s'il y arrivait par un miracle que l'Allemagne ne fera point, ce que sont les Hohenzollern, qui, rois et empereurs, ont été, à travers les siècles, ce que, — de quelque surnom qu'il leur fût venu fantaisie de se décorer, l'Achille ou l'Ulysse, le Cicéron, le Nestor, — avaient été les margraves de Brandebourg, depuis le premier de la branche d'Anhalt, Albert l'Ours.

X

15 mai.

SIEGFRIED ET WOTAN. — LES BATAILLES DE L'AISNE. — LA LÉGENDE DE L'ÉCHEC. — DÉFAILLANCES DU SENS POLITIQUE. — LA MANŒUVRE ALLEMANDE POUR LA PAIX. — NI BÉATITUDE, NI DÉCOURAGEMENT. — LE CONCOURS DÉCISIF DES ÉTATS-UNIS. — LE POUVOIR DE GUERRE DE L'ENTENTE DÉCUPLÉ. — EN ESPAGNE, DISCOURS ÉQUIVOQUE DE M. MAURA. — EN RUSSIE, LE GOUVERNEMENT PROVISOIRE ET LA DOUMA.

La troisième bataille d'Artois, que l'armée britannique a engagée le jeudi 3 mai au matin, a mis aux prises, de la part de nos Alliés, une résolution opiniâtre, de la part de l'ennemi une fureur désespérée. D'après tous les témoignages, cette guerre, qui a vu de si terribles mêlées, n'en avait pas encore connu d'aussi ardentes que celle-ci. Nous n'aimons pas beaucoup, pour ce qu'elles ont d'inutilement injurieux, les métaphores empruntées à l'art de la vénerie ; mais on peut le dire : un tel acharnement est le signe que nous arrivons à l'entrée de la tanière et que la bête est sur ses fins. Du moins, c'est le signe qu'elle s'en rapproche. Le champ de la bataille couvre, à l'est d'Arras, du nord-est au sud-est, et, plus précisément, de la route de Vimy à Acheville au village de Bullecourt, un front d'un peu plus de vingt kilomètres.

Pour la commodité du regard, divisons-le en trois secteurs ; mais indiquons d'abord ce qu'était dans cette région la ligne de Hindenburg, ou plutôt celle de ses lignes successives que l'âme poétique et wagnérienne de l'état-major impérial avait baptisée du nom de *Siegfried*, réservant pour la suivante, qui serait plus formidable encore, le nom redouté de *Wotan*, père des épouvantements ; comme si les guerres d'aujoud'hui, sans prétendre que la force du mythe n'y joue absolument aucun rôle, se décidaient par des mythologies.

Cette ligne, la ligne Siegfried, allait dans la direction du nord au sud, d'Acheville à Bullecourt, en passant approximativement par Arleux-en-Gohelle, Oppy, Gavrelle, Fampoux, Rœux, l'est de Monchy-le-Preux et de Guémappe, Chérisy, Fontaine-les Croisilles, coupant la route nationale et la voie ferrée d'Arras à Douai, la route nationale d'Arras à Cambrai, plusieurs rivières, parmi lesquelles la Scarpe, le Cojeul, la Sensée. Dans le premier des trois secteurs, au nord de la Scarpe, les Anglais, s'étant emparés d'Arleux-en-Gohelle, ont prononcé tout de suite une action contre Fresnoy, et là, sur une étendue de trois kilomètres environ, ils ont percé, ou enfoncé, ou fait plier (comme il plaira le mieux au quartier-maître général Ludendorff pour la rédaction de son communiqué) la branche Siegfried de la ligne Hindenburg. Fresnoy est disputé âprement, pris, repris ; et, plus bas, Oppy, protégé par son bois, tient dur ; mais « nous l'aurons », jurent à l'envi, tommies, Canadiens et Anzacs, c'est-à-dire, par abréviation, les Canadiens et les Néo-Zélandais. Vers Gavrelle, poussées et contre-poussées ; de l'ouest, le maréchal Haig pèse sur la ligne que, de l'est, étaie le Kronprinz de Bavière. A Fampoux, sur la voie ferrée, les Britanniques paraissent avoir nettement le dessus. Le deuxième secteur, passé la Scarpe, entre Scarpe et Sensée, avait été, au début de la nouvelle bataille, assez tranquille ; mais voici qu'il s'est animé, et que, des deux côtés de la route d'Arras à Douai, des attaques anglaises, des contre-attaques ennemies se disputent les approches de Chérisy, qui commencent à être les avancées de Bullecourt dans le troisième secteur ; en fait, avec Fontaine-les-Croisilles et Croisilles même, les vis de sûreté, les écrous de la grande charnière allemande. C'est, en effet, de Quéant que partent vers les quatre points de l'horizon toutes les lignes, tous les fossés, toutes les tranchées, tous les fils de fer de Hindenburg ; c'est là que s'articule son système de défense, et qu'il enlace aux jambes du héros Siegfried les bras du dieu Wotan. Mais une charnière se rompt à coups de marteau, et puisque le Jupiter teuton prise cet instrument qu'il a adopté pour emblème, l'artillerie anglaise ne tardera sans doute pas à lui en donner. Personne, — et Ludendorff moins que personne, — n'oserait nier qu'elle soit devenue experte dans l'art de « marteler », de « pilonner ». Ce sera ici un gros morceau, et il faudra peut-être de la patience ; seulement, quand la charnière sautera, le résultat vaudra la peine.

Cela fait, ces secousses données, c'est le tour de l'armée britannique de se reposer, en en préparant d'autres, et c'est le nôtre, c'est le tour de l'armée française de reprendre une offensive que certains s'étaient trop hâtés de croire arrêtée, mais qui n'était, qui ne pouvait être qu'interrompue, pour l'accomplissement de ses desseins et par les nécessités mêmes de son développement. S'il était permis d'employer une pareille comparaison, nous dirions volontiers que cette offensive, cette double offensive est réglée sur une sorte de rythme alterné. Nous avons, dès le 1er mai, dénoncé l'excès de notre impatience laissant entendre que nous avions sans doute conçu de trop vastes espoirs et que nos désirs nous avaient emportés trop loin, trop vite. Les batailles, il est superflu de le dire, ne se livrent pas sur le papier. Sur le terrain, celle-ci, une bataille de l'Aisne, sera, en toute circonstance, rude et difficile. Si l'on tient à s'en assurer, qu'on relise le récit de ce qui se passa, il y a cent trois ans, vers Craonne, le moulin de Vauclerc, la ferme Heurtebise et la Vallée Foulon, alors que le général en chef s'appelait Napoléon, et que les agents d'exécution étaient les maréchaux Ney et Victor, sans que d'ailleurs ils eussent devant eux ni fortifications de campagne hérissées et creusées à loisir, réseaux de vingt mètres d'épaisseur ou abris de douze mètres de profondeur, ni artillerie lourde à grande portée et à grande puissance. La méditation de leurs travaux, le souvenir de leurs fatigues et de leurs pertes sont bien faits pour nous rendre non pas modestes, — il ne faut pas être trop modestes quand on entreprend, et si on l'était trop on ne risquerait plus rien, — mais constants et persévérants. Faute de mesurer les réalités, et de mesurer sur elles nos forces pour mesurer les possibilités, nous nous ménageons à nous-mêmes des déceptions, que la propagande ennemie, toujours aux aguets, ne manquera pas d'exploiter chez elle, chez les neutres, et, à l'occasion, chez nous. Tâchons d'être à la fois sincères et exacts.

Notre offensive du 19 avril ne nous a pas, il est vrai, donné d'abord tout ce que nous nous en étions promis ; mais nous avions eu le premier tort d'en attendre plus qu'elle ne pouvait donner. Ensuite, nous avons eu le deuxième tort, qui aggravait le premier, de ne pas voir tout ce qu'elle avait déjà rendu et ce qu'elle était capable de rendre encore. Nous n'en avons retenu que le bénéfice positif ; il nous a paru mince, car nous l'avons borné aux limites, relativement étroites, du terrain gagné ; les prisonniers capturés par milliers, les canons enlevés par centaines ont peu compté pour nous, qui ne voulions compter que les lieues et les heures. A plus forte raison avons-nous dédaigné le bénéfice négatif, énorme pourtant, d'avoir prévenu, empêché, dispersé une attaque de Hindenburg, lequel n'avait vraisemblablement pas rassemblé en ce point plus de quarante divisions dans la seule pensée de nous barrer la route. Nous la fermer ne lui suffisait pas, il songeait à s'en ouvrir une, et si nous ne nous étions pas jetés sur lui, c'est lui qui se serait rué sur nous. Mais, quand nous avons fait le total, parce qu'il y avait des quantités d'ordre différent qui ne s'additionnaient pas, nous ne nous y sommes point retrouvés. Nous n'avons plus parlé que de fautes et de sacrifices. Nous avons pris des airs irrités ou désolés ou résignés, selon les tempéraments. D'un succès inachevé, nous avons fait un insuccès. Et il était temps que l'offensive recommençât et que nous conquérions Craonne, avec les crêtes escarpées qui dominent la rive sud de l'Ailette ; qu'en Champagne aussi, au nord-ouest de Reims, nous marquions un progrès important, augmentant de plus de six mille encore le nombre des prisonniers de l'autre quinzaine. Nous étions en train de créer contre nous, de nos propres mains, de notre propre langue, l'absurde et fausse légende d'un échec ; pure légende : l'heureuse reprise à laquelle nous assistons, et qui n'est qu'un second pas du mouvement initial, en est la démonstration éclatante. Cette fois, c'est le succès absolu, et un admirable succès.

Mais quelle rage avons-nous de nous exalter tour à tour, et de nous ravaler sans raison, de ne voir qu'en rose et en noir ? La guerre ne se fait pas seulement sur le champ de bataille ; elle se fait en même temps à l'arrière ; et, par suite, il y a, il doit y avoir pour toute la nation une tenue, une attitude, un langage, en un mot une politique de guerre. Or, il nous faut connaître notre faiblesse pour en guérir : sur le champ de bataille, nous ne sommes inférieurs à personne ; en politique, nous ne sommes pas égaux à nous-mêmes. C'est à peu près ce que Machiavel dit au cardinal d'Amboise, dans cet échange de mots vifs qu'ils eurent à Nantes. Le sens politique est en France le moins bien partagé, même entre ceux dont ce serait la fonction et presque le métier d'en avoir. Si le peuple ou le public en avait, il ne prêterait pas une oreille complaisante et des lèvres bavardes à des contes dont quelques-uns coulent peut-être d'une source suspecte. Si le Parlement en avait, il ne discuterait pas tant d'interpellations dangereuses et maintenant inutiles sur la conduite des opérations et les responsabilités encourues par tel ou tel général ; surtout il ne les discuterait pas en un Comité secret qui, au dedans, laissera licence de tout dire, et, au dehors, donnera prétexte à tout supposer. Enfin, si le gouvernement, si tous ses membres en avaient davantage, ils discerneraient plus sûrement que, comme il est des temps de parler et des temps de se taire, il est aussi des temps d'agir et des temps de s'abstenir ou de différer, mais que, lors même que c'est le temps d'agir, il y a encore la manière. Il est évident qu'une guerre qui a déjà duré trois ans ne peut pas ne pas se faire sentir dans la vie quotidienne, par une gêne de plus en plus grande. Les deux premières années, à ce point de vue, nous ont été légères, à l'excès peut-être, et c'est cet exès que nous payons : nous ne nous sommes privés, nous n'avons été privés de rien. Peu à peu se sont déclarées, accusées, la crise des prix et la crise des quantités, l'une n'allant pas, ou du moins n'atteignant pas un certain degré, sans l'autre. Des restrictions s'imposaient, du fait même qu'on ne s'était pas imposé de précautions. Mais on pouvait nous restreindre plus discrètement : il n'y avait pas lieu de s'en faire tant de gloire. Même si la rareté de quelques denrées, si la pénurie fût devenue extrême, — et chacun sait que nous en sommes loin, — il eût fallu le dissimuler, l'atténuer, ne pas fournir à l'ennemi cette raison de rapprocher artificieusement notre situation de la sienne, d'enfler à ses propres yeux les effets de sa guerre sous-marine, de ne point désespérer, de se roidir et de tenir encore. Au contraire, nous exagérons notre mal, nous l'étalons. Nos communiqués sont très bons : ne les défaisons pas par nos circulaires. Soutenons la puissance de nos armes par la prudence de nos actes.

D'autant plus que ce n'est que la stricte vérité. Il n'y a, en ce qui concerne les approvisionnements, entre notre situation, quelque attention qu'elle commande, et celle des Empires du Centre, aucun rapprochement fondé et légitime. Nous voyons bien où nous en sommes et nous ne savons qu'imparfaitement où ils en sont ; néanmoins, nous ne l'ignorons pas tout à fait, et nous pouvons le deviner ou le conjecturer à de nombreux indices qui se multiplient, se confirment et se corroborent. L'acharnement lui-même des dernières batailles est un signe que l'Allemagne sent venir l'épuisement de ses moyens ; mais nous avons des aveux explicites : les lettres et discours à la nation allemande, les appels de Hindenburg, les ordres du jour de Grœner, l'étrange communiqué de Ludendorff, où il déclare, — comme Hamlet au cimetière, — qu'il s'agit « d'être ou de ne pas être », toute cette littérature par laquelle il essaie de masquer la retraite, de replâtrer la fissure et de redresser le fléchissement; dans un autre genre, les grèves, chaque semaine plus fréquentes, plus étendues, et les troubles chaque fois plus aigus, dont elles sont mêlées. De cette insurmontable lassitude qui présage et précède de plus ou moins près la défaillance, nous avons même une preuve décisive : la manœuvre allemande pour la paix. Le besoin de la paix à tout prix, la nécessité en quelque sorte physiologique de la paix s'échappe de toutes les bouches, jaillit de toutes les veines, suinte par tous les pores de l'Allemagne. Il n'y a de dissentiment ou de divergence de vues que sur l'espèce de paix qu'on doit rechercher pour avoir le plus de chance de l'obtenir au plus tôt : paix séparée avec l'un des adversaires que l'on détacherait du bloc, ou paix générale avec tous? Disons mieux : il y avait naguère dissentiment là-dessus; à présent on s'est mis d'accord. « Paix générale », proclament à l'unisson les organes les plus bourdonnants de la social-démocratie, et ces paroles correspondent aux affirmations des « extrémistes » russes.

C'est, en effet, la révolution russe qui a amené ce changement de position de la diplomatie allemande, officieuse sinon officielle, et de ses missionnaires de toute robe. Du temps du Tsar, avec le gouvernement impérial, on ne pouvait poursuivre qu'une paix séparée, en nouant de savantes, peu ragoûtantes, et parfois dégoûtantes intrigues, par le jeu des influences, des trahisons, des séductions et des corruptions germaniques. Depuis les ides de mars, aux yeux des révolutionnaires internationalistes, dont les plus jeunes ont quand même de vieilles barbes, on fait luire, par le jeu des déclamations démagogiques et des rêveries humanitaires, le mirage de la paix générale. Mais, paix générale ou paix séparée, l'une serait pour le monde aussi dangereuse et pour nous aussi détestable que l'autre, si elle était prématurée, car alors elle ne pourrait être que favorable à l'Allemagne. Elle serait favorable à l'Allemagne, même si, comme les extrémistes russes se la représentent, et comme, à de certains symptômes, il semble qu'on incline en Allemagne à y acquiescer, c'était une paix « sans annexions et sans indemnités », car l'Allemagne sait que c'est désormais le plus qu'elle peut prétendre; et finalement, après une fausse défense, de fausses révoltes, des mines, simulacres ou simagrées, elle l'accepterait avec joie dans la crainte du pire. La social-démocratie est donc à l'œuvre, elle a mis au feu tous ses fers et au vent toutes ses enseignes. La conférence de Stockholm s'organise tout ensemble et se désorganise, avec le socialiste belge Camille Huysmans comme régisseur parlant au public, le Hollandais Troelstra comme metteur en scène, le fameux Scheidemann comme chef d'orchestre, et, comme forts ténors, le leader viennois Victor Adler, le ministre danois Stauning; comme chœur sur la scène, les délégations de l'Europe centrale, et le Suédois Branting comme gardien de la salle, qui ne sera pas toute garnie, malheureusement, de neutres et d'ennemis, et où certains socialistes d'un ou deux pays de l'Entente, moins clairvoyants que la majorité, n'ont pas été, par un sursaut de conscience, avertis qu'ils n'avaient point de place.

Cette image de théâtre convient seule à ce qui n'est qu'une comédie, comme n'est qu'une comédie le zèle du Reichstag lui-même pour les réformes, l'extension des droits populaires et des prérogatives parlementaires, l'introduction dans le royaume de Prusse d'une dose de démocratie qui le transformerait en monarchie constitutionnelle, dans laquelle les pouvoirs s'équilibreraient, et dont le suprême « Seigneur de guerre » ne serait plus que le premier magistrat. Déjà le Reichstag impérial, selon son président, M. Kaempf, qui l'a fait sonner très haut dans sa harangue de rentrée, « est élu par le suffrage le plus libéral du monde »; et voilà bien la manie allemande de toujours estimer ce qui est allemand au-dessus de tout, le Reichstag étant élu au suffrage universel pur et simple, ni plus ni moins que beaucoup d'autres assemblées dans le monde, dont on ne peut pas dire pour cela qu'elles en soient les plus libérales. Donner au Landtag prussien ce même suffrage universel, direct, égal, secret (et non « public », ainsi qu'il nous est échappé de l'écrire, par un *lapsus* que le lecteur aura de lui-même corrigé), mettre la Prusse au pas de l'Allemagne, et promettre de mettre l'Allemagne au pas des démocraties représentatives, telle est la partie qu'exécutent, à l'intérieur, les diverses fractions bourgeoises de ce qui, chez nous, se qualifierait « la gauche » ; nationaux-libéraux et progressistes, qui sont les radicaux de là-bas, tandis qu'à l'extérieur les socialistes exécutent des morceaux plus colorés d'une musique plus retentissante. Les dissonances ne manquent pas : le comte Reventlow, le comte Westarp, les pangermanistes, les agrariens, et les admirateurs de Tirpitz, et les adorateurs de Hindenburg, s'en chargent; mais tout est dans la partition, jusqu'au silence de M. de Bethmann-Hollweg, qui ne cache peut-être pas uniquement son embarras. Ce silence du Chancelier a, du reste, pour correctif l'éloquence ou la loquacité du vice-chancelier, M. Helfferich. « Des réformes », disent ceux-ci ; « la paix », disent ceux-là ; et lui, il continue de dire : « Dieu punisse l'Angleterre ! » Il fait plus, et se pique de montrer que Dieu la punit, par le moyen des sous-marins allemands. Il dresse, avec une férocité froide de statisticien et de financier, le bilan de leurs sinistres exploits. Mais ce bilan, comme il arrive, est « arrangé », et il fallait s'en méfier : M. Helfferich l'a présenté juste au moment où allait se clore le sixième emprunt de guerre allemand. Le gérant grossit les dividendes, pour engager les actionnaires à un nouvel apport de fonds.

Nous sommes ici dans une matière délicate où il importe de se garder autant de la béatitude, ou de la passivité, que du pessimisme et du découragement. M. Lloyd George, droit et robuste, ne s'abandonne à aucune de ces inclinations. Vers le même temps où M. Helfferich faisait à ses auditeurs de Berlin un exposé, monté de ton, des résultats de la piraterie allemande, le Premier anglais entretenait de ce sujet, qui est un sujet de tous les jours, les corporations de Guildhall, où il venait de recevoir le titre de citoyen de Londres. La force de sa manière est faite de bien des vertus, mais premièrement de sa sincérité. M. Helfferich n'avait montré que les profits, M. Lloyd George a signalé les pertes. Oui, l'Allemagne a coulé un certain nombre de navires marchands britanniques, mais il lui en a coûté un certain nombre, un nombre encore trop petit, de sous-marins. Oui, l'Angleterre, pour combler le vide et réparer le dommage, a bâti un certain nombre, un nombre encore trop petit de navires neufs, mais elle en bâtira, en achètera, en lancera un plus grand nombre. Le tonnage envoyé par le fond s'élève à un chiffre considérable, et M. Lloyd George n'en ôte ni n'en efface rien. L'abstention partielle des neutres terrorisés ajoute, par surcroît, au péril. Les navires qui ne naviguent pas sont momentanément perdus, comme les navires coulés. Le remède, dans ces conditions, consiste à mieux garantir ce qu'on a, et à produire ou trouver ce qu'on n'a pas. Des bateaux, des bateaux, et toujours des bateaux! La question est de savoir si l'Angleterre construira plus et plus vite que l'Allemagne ne détruira, ou si l'Allemagne pourra détruire plus que l'Angleterre ne pourra construire. C'est un combat et c'est une course. L'Angleterre peut souffrir dans ce combat, mais elle doit gagner la course. Le sous-marin qui l'affamera n'est pas encore immergé. Et les victoires peu glorieuses que M. Helfferich énumère ne nourrissent que l'orgueil allemand. Elles excitent l'Allemagne à ne pas mourir, mais ne lui rapportent pas de quoi vivre.

Ce qu'elles lui ont pour l'instant rapporté de plus clair, c'est le mépris universel, la haine, déclarée ou contenue, de tous les faibles opprimés, des ruptures diplomatiques et des déclarations de guerre. L'exemple des Etats-Unis a fructifié. Pendant que Washington fête la mission anglaise en la personne de M. A.-J. Balfour, et la mission française, dans les personnes du maréchal Joffre, de M. Viviani, de l'amiral Chocheprat, et se plaît à reconnaître en M. le marquis de Chambrun l'ombre vivante de La Fayette, en attendant que débarque la mission italienne conduite par le duc d'Udine et qu'arrive le général russe envoyé par le gouvernement provisoire, le Président Wilson et ses secrétaires d'Etat dessinent et précisent les formes multiples de leur coopération. Les États-Unis assurent tout de suite à l'Entente leur concours pécuniaire, prévu, dans l'emprunt de trente-cinq milliards récemment ordonné, pour une somme de plusieurs milliards : la Grande-Bretagne, l'Italie ont leur part, la France va avoir la sienne, et, à en juger par l'effusion des sentiments, ce sera la part de prédilection : prêter avec cet élan, c'est donner. Les ressources ainsi fournies serviront à payer, aux États-Unis mêmes, les expéditions de vivres et de matériel faites à chacun des pays de l'Entente ; le capital produira un faible intérêt, sera remboursé à long terme, mais de la sorte, le problème du change, qui a si souvent fait l'angoisse de nos ministres des Finances, est résolu. Tout de suite aussi les États-Unis vont apporter à leurs alliés européens leur concours maritime, et, dans le sens le plus concret de l'expression, leur concours alimentaire. Leur flotte marchande, fièvreusement augmentée, va allonger, à travers l'Océan, ses convois qu'escortera la flotte de guerre, et si l'Allemagne exerce contre le pavillon étoilé la fureur de ses torpillages, elle torpillera les plus beaux de ses propres transatlantiques. Mais les États-Unis entendent, en outre, que leur contribution à la guerre soit vraiment une contribution de guerre ; ils ne veulent pas se contenter de la faire avec leur argent, ils veulent y participer de leur sang. Ils ont décidé de lever, par tranches successives, afin de pouvoir l'instruire et l'expédier plus rapidement, une armée de deux millions d'hommes, renouvelant le prodige britannique d'un pays qui n'a pas d'épée, et qui, en pleine bataille, s'en forge une, égale aux meilleures. A cet effet, ils ont décidé le service obligatoire, que l'abondance de leur population leur permet d'adoucir ou d'assouplir par de larges exemptions. Au cri enthousiaste de M. Roosevelt,

20.0000 volontaires se sont empressés de faire écho, et l'on propose de constituer un corps expéditionnaire de six brigades qui, sans tarder, viendrait dans nos tranchées incarner, à la face des Allemands, la résolution de l'âme américaine. Ce n'est pas tout. La Russie, qui a besoin, comme nous, d'or et de nourriture, n'a pas besoin d'hommes, mais d'ordre, d'impulsion et de direction. Des forces gigantesques, colossales, y dorment : il suffit de les éveiller. Ici le secours américain se fait particulièrement ingénieux ; les chemins de fer russes se traînent, et ne donnent que peu du rendement dont ils seraient capables. L' « américanisation » du Transsibérien jettera sur les champs de bataille de l'Europe l'appoint de toute l'Asie orientale, et ouvrira à l'Amérique même une route de plus. Pour ces besognes de vitesse, où il convient de faire rapide plutôt que solide, les procédés américains se recommandent. Ils peuvent décupler le pouvoir de guerre de l'Entente, en fouettant et surexcitant toutes les énergies qui sommeillent.

Au surplus, l'Empire allemand, qui a bravé et comme provoqué à plaisir l'inimitié des États-Unis, aurait tort de se rire du défi que lui portent ou s'apprêtent à lui porter des États que, dans sa superbe, il peut juger minuscules comme Cuba, Haïti, le Guatemala, la Bolivie, ou exorbitants comme le Brésil et la Chine. Quand une puissance s'est révélée aussi monstrueuse que s'est découverte l'Allemagne, il s'agit non seulement de la battre dans le temps le plus court, mais de l'abattre pour le plus longtemps ; non seulement de la briser dans la guerre, mais de la brider après la guerre. A cet égard, l'adhésion des Antilles, de l'Amérique centrale, de l'Amérique méridionale, de l'Extrême-Orient est inappréciable. C'est plus de la moitié du globe qui se retire et qui se refuse. Et nous ne sommes pas au bout. Le Brésil, qui avait rompu ses relations avec l'Allemagne, paraît être décidé à ne pas s'en tenir là : telle est du moins la signification qui semble s'attacher à la retraite du chancelier, M. Lauro Muller, que remplace M. Nilo Peçanha. Rendons cette justice à M. Muller, qu'il se montra toujours correct, et qu'il y eut quelque mérite, étant donnés ses origines et son nom même, qui ne permettait à personne, pas même à lui, de les oublier. Mais saluons M. Peçanha, dont le cœur et le verbe latin sont plus chauds. D'autres républiques du Centre et du Sud hésitent, soupèsent et oscillent encore. La République Argentine s'estime provisoirement satisfaite. Mais, chose curieuse et qui demanderait vérification, on annonce que le général Carranza amènerait le Mexique à résipiscence. Ainsi, de proche en proche, l'attraction des États-Unis emporterait tout le continent.

Seule, drapée dans ce qui lui reste de la cape de Charles-Quint, l'Espagne, trop faible, dit-elle, pour se porter au premier plan, trop fière pour se ranger au second, demeure assise au rivage de l'ancien monde. Ce n'est pas nous qui nous permettrions de parler d'elle en ces termes, c'est un de ses hommes politiques, un de ses chefs de parti, et le plus illustre peut-être de ceux d'à présent, M. Maura. Nous lui en avons connu d'autres. Homme politique, chef de parti, il serait plus juste de dire : orateur. Encore, de l'aveu unanime, le discours que M. Maura a prononcé l'autre dimanche, à la Plaza de Toros, devant 20.000 personnes, dont beaucoup étaient venues par curiosité, n'a-t-il pas été de ses bons. Tous les journaux de Madrid ont passé la semaine à en chercher le sens et le lien. Le moindre de ses défauts est d'être obscur ; mais il est, de plus, tout rempli d'incohérences et de contradictions. « M. Maura, imprime en manchettes le *Liberal*, défend les germanophiles, les amis de l'Entente, les neutralistes, les interventionnistes, ceux qui veulent Gibraltar, ceux qui ne le veulent pas, ceux qui luttent et ceux qui ont peur de lutter. » C'est fort bien jugé, mais c'est incomplet, car, tout cela, en même temps que M. Maura le défend, il le critique ou l'attaque, et nous voudrions qu'il n'y eût pas d'irrévérence à dire d'un mot à la française que ce serait le discours de M. Joseph Prudhomme, s'il y avait le sabre. Cependant on a tort d'opposer ces paroles d'hier à celles d'avant-hier, et ce discours des Arènes au discours de Berenga. Nous avons tenu à lire et à relire dans leur texte les deux morceaux. M. Maura est resté fidèle à lui-même ; et, s'il se contredit, s'il ne se ressaisit et ne se rassemble pas, ce n'est pas de l'un à l'autre ni entre les deux, c'est en chacun d'eux. A l'appui de la neutralité, il évoque les antiques griefs, qu'il émousse pourtant de sympathies conditionnelles, si bien qu'on pourrait croire, d'une part, que ce discours a été composé au lendemain de la bataille de Rocroy, et, d'autre part, qu'il a été fait tout spécialement en vue de Gibraltar et de Tanger. Mais pourquoi tant d'affaires et de commentaires? Les acclamations échauffées de la jeunesse mauriste — y eût-il jamais une jeunesse canoviste? — nous dévoilent que ce ne fut, au fond, qu'un geste de politique intérieure.

Dans l'ensemble, nous sommes autorisés à maintenir que la cause est entendue, et que l'opinion du monde, chaque jour plus unanime et plus hardie dans son expression, est pour nous la certitude morale de notre victoire. Nos fidèles amis nous le prouvent de la façon la plus agréable, mais ceux mêmes qui ne sont pas nos amis très passionnés nous le prouvent aussi à leur façon. Il n'est pas jusqu'au roi Constantin qui ne comprenne l'opportunité de nous marquer des dispositions moins hostiles, et qui ne nous fasse cette avance, qu'il voudrait nous faire prendre pour une satisfaction, de congédier M. Lambros et de rappeler M. Zaïmis dont nous n'eûmes pas trop à nous plaindre, et que nous n'avons pas d'objections à voir revenir, sans toutefois trop en espérer. Nous ne nous douterions pas de ce qu'il voudrait, qu'il nous faudrait encore douter de ce qu'il pourra. Les destins sont en marche : ils ont trouvé leur voie. La dernière leçon du président du Conseil qui s'en va à son royal élève a dû être que les Cieux et les Enfers étaient pleins de divinités lentes et boiteuses, qu'on n'arrête plus lorsqu'on les a forcées à se lever.

Mais nous voici, avant de finir, ramenés par les dernières nouvelles à tourner encore nos regards vers Petrograd. Cette semaine a vu apparaître au jour le conflit latent du Gouvernement provisoire et du Comité mixte d'ouvriers et de soldats; conflit fatal, et qui ne pouvait point tarder. L'occasion en a été la note de M. Milioukoff aux Alliés sur les buts de guerre de la Russie. Il avait écrit les deux mots de « garanties » et de « sanctions ». Les internationalistes, qui ne craignent rien tant que de blesser l'intéressante Allemagne, ont exigé d'abord qu'il les expliquât, puis qu'il expliquât son explication. Sur ce point, dans la forme, le Gouvernement provisoire a cédé. Mais, encore qu'avec une prudence à laquelle l'obligeaient l'état des esprits et la balance des forces, il a commencé à examiner les titres du Comité à dicter ses volontés au nom du peuple russe; et commencer à les examiner, c'est s'acheminer à les reviser. Le prince Lvoff et ses collègues se sont souvenus qu'il y avait tout de même en Russie une assemblée légalement élue, la Douma ; que, dissoute par l'Empereur, elle avait refusé de se séparer; et que, la révolution s'étant faite autour d'elle et à propos d'elle, il serait paradoxal que le bouleversement des institutions eût abouti, en ce qui la touche, à la dissolution que le mouvement d'où il est sorti aurait eu pour objet d'empêcher. En la Douma, la Russie continue donc d'avoir une représentation, imparfaite peut-être, mais légale, et qui reste la seule légale, sa seule représentation, tant que la Constituante n'a pas été nommée. Pour nous, nous ne nous lasserons pas de le redire : il faut que la Russie ait un gouvernement et qu'elle n'en ait qu'un. Il le faut d'autant plus impérieusement, et d'autant plus tôt, que les généraux Alexeïeff, Roussky, Korniloff signalent une concentration de vaisseaux et de transports allemands vers Libau. Peut-être n'est-ce qu'un épouvantail ; mais peut-être sont-ce des préparatifs. Militaire et diplomatique, l'une couvrant et appuyant l'autre, les deux manœuvres allemandes se font de toutes mains et à toutes fins. Derrière la machination de paix, il y a l'opération de guerre, et derrière la machination de guerre, il y a l'opération de paix. Réglons-nous sur ce que l'Allemagne ne peut plus longtemps attendre la paix, et que, militairement ou diplomatiquement, par la ruse ou par l'audace, elle doit ou la surprendre ou l'arracher.

XI

1er juin.

L'ÉCROU DE LA CHARNIÈRE SAUTE. — JUGEMENTS INCONSIDÉRÉS SUR L'OFFENSIVE DU 16 AVRIL. — DANS LES ALPES JULIENNES. — POURQUOI L'ARMÉE DE SALONIQUE AVAIT ÉTÉ PARALYSÉE. — LA SOUPAPE DE SÛRETÉ DES GOUVERNEMENTS DÉMOCRATIQUES. — LA PAIX AVEC SANCTIONS ET GARANTIES. — LE PROBLÈME RUSSE. — IL FAUT LA PAIX A L'ALLEMAGNE ET A L'AUTRICHE. — LES LIGNES DE REPLI DE LA PAIX ALLEMANDE. — L'ADHÉSION DES TROIS AMÉRIQUES. — L'ALLEMAGNE FAIT LA GUERRE SUR LE DOS DES NEUTRES.

L'effort anglais pour faire sauter le premier écrou de la charnière de Quéant, où s'emboîtent et s'articulent deux tronçons des lignes allemandes, a donné, au cours de cette quinzaine, des résultats si importants et si sûrement acquis que le maréchal sir Douglas Haig ne craint pas de les constater dans un de ses communiqués. Sur une longueur de vingt kilomètres, qui s'étend, à l'est d'Arras, depuis Rœux jusqu'au delà de Bullecourt, par Monchy, Guémappe, Chérisy et Fontaine-lès-Croisilles, la première ligne du système de défense auquel Hindenburg a tenu à attacher son nom a été forcée, sauf en un point, au nord-ouest de Bullecourt même, aux environs immédiats du village ; il y reste encore à réduire un saillant d'une demi-lieue : un « pilonnage », un « martèlement » supplémentaire de l'artillerie britannique s'en chargera. Sans doute, ce n'est que le premier écrou, et ce n'est que la première ligne d'une position ou de positions dont le caractère paraît être précisément, ainsi que le remarquent de bons juges, d'avoir cherché à « se dégager du principe linéaire ». Mais il leur semble aussi que, par le choix délibéré et la longue préparation de ses réduits, cette première ligne, maintenant enfoncée, « eût une force difficile à égaler » ; et de ce fait, pour le présent et pour l'avenir, le succès de nos Alliés tirerait toute sa valeur.

De notre côté, nous avons poursuivi nos propres succès, non pas seulement en repoussant, sur le Chemin des Dames, vers Cerny-en-Laonnois, Heurtebise et Chevreux, les contre-attaques rageuses du Kronprinz impérial, mais en élargissant nos gains entre les vallées de la Suippe et de la Vesle, en Champagne, dans le massif de Moronvilliers. On dit bien et il faut bien dire : « Nous avons poursuivi nos succès, » car offensive à vastes objectifs, comme celle du 16 avril, offensive à objectifs limités, comme celle d'hier, ou défensive active, dans l'intervalle, c'est une suite de succès continus qui ne forme en réalité que le développement d'un même succès. Ce qui s'est accompli le 21 mai sur les pentes du Mont Cornillet se relie intimement à ce qui s'y était fait il y a un mois, et en dépend étroitement ; de telle sorte qu'on ne saurait opposer l'une à l'autre deux périodes, deux méthodes, ni deux fortunes. Sous les changements de personnes, subsiste et s'affirme, en sa permanence, l'unité de pensée et d'action ; nous pouvons saluer avec espoir le général Pétain, qui reçoit le commandement, mais après avoir salué avec reconnaissance le général Nivelle qui le lui remet, et ceux de ses collaborateurs à qui ce ne serait pas rendre justice que de ne pas rendre hommage ; or, on ne leur doit peut-être que la justice, mais on la leur doit.

Pour ne parler que de l'attaque du 16 avril, que des bavardages inconsidérés ou perfides ont réussi comme à envelopper d'une légende mauvaise, et d'une seule armée, dont les mêmes faux bruits ont d'ailleurs démesurément enflé les pertes, malgré l'extrême difficulté du terrain, aussitôt le signal donné, l'avance a été générale sur tout le front de cette armée, qui couvrait vingt-cinq kilomètres ; sur douze kilomètres, ou la moitié du front, notre avance a atteint sept kilomètres en profondeur. En dépit de furieux retours, l'ennemi n'en a pas reconquis un pouce. Rien que dans ce coin, et rien que dans ce début de bataille, le chiffre de prisonniers faits a été de 5.300 ; 80 canons, 40 lance-mines, un nombre très considérable de mitrailleuses ont été capturés, ainsi que des dépôts de munitions et des dépôts de vivres intacts. Une partie de cette artillerie allemande a été immédiatement employée contre les Allemands. Comme bilan de l'offensive, au total, sur le front entier, et pour toutes les armées engagées, partout du terrain gagné ; à part quelques accrocs insignifiants et aisément réparés ou aisément réparables, point de terrain reperdu ; plus de cinq cents canons ramenés derrière, près de trente mille prisonniers, auxquels les dernières affaires ne font qu'en ajouter quelques milliers de plus ; des sacrifices moins lourds pour avancer qu'ils n'ont été parfois pour se maintenir ; voilà un « demi-succès » qui n'est demeuré incomplet que par rapport à nos illusions, mais dont, en d'autres temps, ou d'autres pays, on n'eût pas hésité à faire une victoire.

Succès encore sur le front italien des Alpes Juliennes. Selon le rite, devenu classique, de la guerre moderne, à la suite d'un bombardement intensif des positions ennemies échelonnées de Tolmino à la mer, le général Cadorna a lancé son infanterie à l'assaut des pentes du mont Kuk ou Cucco, dans la zone de Plava, puis des hauteurs à l'est de Gorizia et du torrent Vertoibizza. Les crêtes du Mont Cucco et du Vodice étaient successivement emportées, tandis qu'à l'aile gauche une colonne, franchissant l'Isonzo, s'emparait de Bodrez. Au bout de la seconde journée, le 15 mai, on avait dénombré 3.375 prisonniers, dont 98 officiers ; et ce chiffre s'élevait définitivement, le 17 au soir, à 6.432 soldats, 143 officiers ; quant au matériel, on n'avait pas eu le temps de le compter ; on pouvait annoncer pourtant une batterie de canons de montagne, cinq autres canons de petit calibre, deux canons de 105, deux mortiers de 149, des lance-bombes, une trentaine de mitrailleuses et un riche butin en armes et en munitions.

Le mont Cucco représente assez bien, au bord de l'Isonzo, ce que représentait chez nous, au bord de la Suippe, le massif de Moronvilliers, ou, au-dessus de la vallée de l'Ailette, le plateau de Vauclerc et de Heurtebise : l'imagination des hommes, arrêtés devant lui et hypnotisés sur sa cime pendant très longtemps, le tenait pour inexpugnable : c'était une espèce de mont interdit ou maudit, qu'on n'escaladerait et ne passerait jamais ; quatorze mois durant, on l'avait miné, creusé, percé de cavernes et de cheminements ; à présent qu'on était là-haut, et que, de là-haut, on commandait toutes les vues, on exprimait la joie de le posséder par ce soupir de soulagement : « la fin d'un incube » ! Cependant les Autrichiens, eux aussi, tentaient des diversions de plus en plus puissantes, mais à l'autre extrémité de l'arc, dans le Trentin, vers Rovereto et le Pasubio. Cette réaction était si indiquée, et d'une stratégie si élémentaire, qu'ils ne pouvaient vraiment espérer y prendre un chef de l'expérience du général Cadorna, qui ne s'en émut guère, parce qu'il l'avait prévue et que, l'ayant prévue, il y avait paré. Il riposte triomphalement, en enfonçant les lignes autrichiennes sur le Carso et en faisant de ce coup 9.000 prisonniers. C'est fêter avec gloire l'anniversaire du 24 mai.

Sur le front italien comme sur le front anglais et sur le front français l'offensive a donc réussi; les contre-offensives ont échoué; les situations se font pendant exactement ; partout, l'Entente a le meilleur, et l'on peut conduire le parallèle au moins jusqu'au moment où le sens politique intervient pour exploiter l'avantage acquis par l'art militaire.

Car on pense bien que ce n'est point en Italie que l'esprit politique se trouve en défaut, et que les mots faiblissent jusqu'à intervertir les choses. L'occupation du Vodice, de la cote 652, entre le Monte Cucco et le Monte Santo, la prise de Jamiano ont été pour les Italiens de grands succès ; ils ont dit tout haut et tout bas, mais d'une commune voix, que c'étaient de grands succès. Et ils n'ont pas cherché, en ceci ou en cela, quelque prétexte à les diminuer. Ils ont soigneusement marqué ce point pour l'heure des justes rétributions, où il sera donné à chacun selon ses œuvres, sans méconnaître, au surplus, l'aide que leur a apportée la coopération des Alliés, notamment par le concours de batteries de l'artillerie lourde britannique.

Cette coopération vient de s'affirmer de nouveau, avec non moins d'évidence, sur le front de Macédoine et de Salonique, ou plutôt sur les deux fronts de Macédoine et de Salonique, front de terre et front de mer. En effet, tandis qu'une escadrille franco-anglaise d'aviation bombardait les positions turques de Cavalla et de Dédé-Agatch, les navires de l'Entente participaient indirectement à l'une des attaques en prenant sous leur feu les communications ennemies. A l'intérieur, en Macédoine même, dans la bouche de la Cerna, aux alentours du lac Doiran, à l'ouest du Vardar, une grande activité de toutes armes s'est éveillée. Les Impériaux, en casque et en turban, s'inquiètent des moyens et des desseins du général Sarrail, auquel ils recommencent, en paroles du moins, à opposer leur homme-volant, leur général ubiquiste, Mackensen. Ces inquiétudes montrent clairement qu'ils ne considèrent pas du tout le front balkanique comme secondaire, et, de fait, la rupture d'équilibre pourrait se produire n'importe où. La saison est propice, et il dépend beaucoup des hommes que les dieux le soient ou le deviennent. Jusqu'ici l'armée de Salonique a été paralysée, parce qu'elle n'a pas pu s'appuyer sur sa base naturelle, la Grèce. Deux ans de tâtonnements et d'erreurs ont empêché de tirer d'une idée juste et hardie ce qu'elle contenait ; l'incertitude, les hésitations, les contradictions des gouvernements de l'Entente ont fait un point d'arrivée de Salonique, qui ne devait être qu'un point de départ, mais qui ne pouvait l'être que sous de certaine conditions. A cette politique flasque et molle a correspondu ce qu'on appelle plaisamment, à Rome, la politique « turlupinatrice » du gouvernement d'Athènes ; et le mot n'est pas commode à traduire, mais il n'y a qu'à remonter à la racine pour deviner. C'est en juger sans bienveillance, assurément, mais avec une clairvoyance parfaite. L'instant présent, l'occasion présente sont le dernier instant, la dernière occasion qui s'offrent à nous de rompre ces enchantements. Si nous savons le faire, nous ne tarderons pas à être récompensés d'une résolution dont les conséquences seront telles qu'elles nous étonneront. Et si nous ne savons pas le faire, mieux vaut peser le plus tôt possible ce que coûte, ce qu'exige l'expédition de Salonique, et ce que, gênée, rongée par une faute initiale, elle est capable ou incapable de rapporter.

Depuis le mois de mars, pour dire crûment la vérité, il n'y avait presque plus de front russe. La crise que le gouvernement provisoire a récemment traversée, et d'où il est à peine sorti, aura peut-être été salutaire. On sait quelle en fut l'origine et par quelle série d'incidents elle en est venue à cet aboutissement. Les différentes phases en ont été suivies au jour le jour avec une attention si avertie qu'il serait superflu de les retracer ici. Nous nous bornerons à les rappeler d'un mot. Le gouvernement provisoire a senti, comme tout le monde le sentait, mais avec bien plus de raisons et bien plus de force que personne, qu'il fallait que la Russie eût un gouvernement et qu'elle n'en eût qu'un ; qu'une révolution n'est achevée que si elle substitue un régime à un autre, un régime qui vaut ce qu'il vaut à un régime qui valait ce qu'il valait, néanmoins un régime défini, connu et reconnu, ordonnant, obéi, ayant forme et figure ; et qu'enfin l'anarchie est une dissolution, mais n'est pas une solution, puisque, par elle, on se traîne sans arriver ni à vivre ni à mourir. D'abord entravé par le Comité des ouvriers et des soldats, contrôlé, contenu, puis contesté, contredit, débordé et défait par lui, impuissant probablement à s'en délivrer en le dispersant, il a pris le parti de se l'associer en appelant à l'exercice du pouvoir régulier quelques-uns de ses membres les plus populaires. Et il se peut qu'il n'y eût pas d'autre parti à prendre, bien qu'il ne soit pas tout à fait aussi vrai de dire des socialistes révolutionnaires, surtout en pleine révolution, ce qu'on a dit des radicaux, qu'un radical ministre n'est plus un ministre radical. Cet assagissement, cet apaisement par absorption est comme la soupape de sûreté des gouvernements démocratiques (qu'on nous pardonne l'incorrection de l'image). Les partis extrêmes ont des nerfs qu'il est plus prudent, quand on ne veut ni ne peut recourir à l'argument suprême, de détendre que d'exaspérer ; tant mieux si le procédé réussit au gouvernement provisoire de la Russie, et s'il y gagne d'être désormais le gouvernement unique et nécessaire que le Comité du Palais de Tauride annihilait et annulait en le doublant.

C'est le 10 mai, par un manifeste de M. Kerenski, lui-même socialiste, et alors ministre de la Justice, qui se sentait un peu comme un otage parmi ces « bourgeois notables » de la Russie « censitaire », qu'il fit connaître son intention : « J'ai dû à mes risques et périls, déclarait M. Kerenski, prendre la représentation dans le gouvernement provisoire de la démocratie ouvrière désorganisée. Aujourd'hui, je considère la situation comme entièrement changée : d'une part, la situation générale des affaires du pays se complique : de l'autre, les forces de la démocratie ouvrière s'accroissent et ne peuvent plus être écartées d'une participation responsable dans la direction de l'État. » En conséquence, plusieurs portefeuilles dans le ministère étaient mis à la disposition des socialistes des diverses nuances ou tendances, révolutionnaires ou nationalistes. Après un premier refus et maintes négociations, le Cabinet, qui sert de gouvernement provisoire, s'est reconstitué sous la présidence maintenue du prince Lvoff, avec six socialistes, sociaux-démocrates, socialistes-nationaux ou travaillistes; le reste, progressiste ou cadet, six ou sept ministres aussi, de façon que le gouvernement se partage en deux fractions sensiblement égales, au moins par le nombre, qui n'est pas tout. Ce qui donne à la combinaison son caractère, plus encore que la présence d'hommes comme M. Skobeleff, vice-président du Conseil des délégués ouvriers et soldats, devenu ministre du Travail, comme M. Tseretelli, fameux depuis la révolution de 1905, devenu ministre des Postes et télégraphes, c'est que M. Terestchenko y prend le ministères des Affaires étrangères, et M. Kerenski, les deux ministères réunis de la Guerre et de la Marine; mais ç'a été, premièrement, que M. Milioukoff, dépossédé des Affaires étrangères, a préféré se retirer plutôt que d'aller à l'Instruction publique ; disons tout net qu'au regard des Alliés, ce qui caractérise le remaniement du gouvernement russe, c'est que M. Milioukoff a quitté le département des Affaires étrangères.

Au fond, si la crise n'est pas née de sa note sur les « buts de guerre », à laquelle nous avons fait une rapide allusion l'autre jour, elle s'est nouée et elle s'est déroulée autour d'elle. On se souvient que

M. Milioukoff avait été sommé par les internationalistes de rayer les deux mots qu'il avait osé écrire, à propos de la future paix, de « garanties » et de « sanctions ». Tout en se défendant, comme d'un déshonneur, de la pensée même de conclure une « paix séparée », le gouvernement russe élargi exprime le désir de savoir si, pour hâter ou rapprocher le jour d'une paix générale, les gouvernements alliés seraient disposés à reviser leurs « buts de guerre » sur la base d'une paix, il ne dit pas « sans garanties et sans sanctions », mais « sans annexions et sans indemnités. » Admettons, sous toutes réserves, qu'il n'y ait point d'inconvénient à répondre, la réponse étant, au demeurant, rendue moins délicate par les récentes explications du prince Lvoff et de M. Terestchenko, comme par le langage franc et net, concret en sa précision, que M. Albert Thomas a tenu à Pétrograd même. Il n'est que de s'entendre sur le véritable sens des mots « annexions » et « indemnités ».

M. Asquith, après lord Robert Cecil, à la Chambre des Communes, la semaine dernière ; hier, M. Ribot, à la Chambre des députés, ont fixé celui qu'ils leur donnent et que nous leur donnons, à l'exclusion des acceptions bâtardes dans le détour desquelles on prétendait nous égarer. Résumons-les tous trois en affirmant qu'une reprise n'est pas une annexion; que la revendication de provinces détachées de la patrie par une odieuse violence n'est pas une annexion, et en est même le contraire, une désannexion, a dit M. Vandervelde; qu'une rectification de frontière, indispensable pour fermer les portes traîtreusement ouvertes à une invasion toujours menaçante, n'est pas davantage une annexion, mais une précaution légitime contre l'agression ; et, de même, que la réparation d'un dommage ou d'un crime n'est point une indemnité. Poursuivre la restauration des ruines dont le territoire national a été couvert n'a rien de commun avec le remboursement des dépenses volontairement faites pour la guerre ou, suivant l'expression de M. le président du Conseil, avec « l'amende » imposée au vaincu pour une faute qui n'est pas uniquement et qui peut-être n'est pas du tout la sienne. Dans l'espèce, nous avons affaire, nous Français, à l'Allemagne qui, en 1871, nous a dépouillés de l'Alsace-Lorraine, qui, par la Prusse, en 1815, et dès 1814, avait commencé l'amputation, en nous rognant, sur la Sarre, la Prims, la Lauter et la Queich, des lambeaux de chair ; à l'Allemagne qui a dévasté, brûlé, pillé, vidé dix de nos départements, rasé nos usines, inondé nos mines, saccagé nos maisons, détruit nos monuments : reprises par conséquent, actions en restitution, mais non annexions ni indemnités. Et nous avons affaire, tous les Alliés ensemble, à l'Allemagne, aux Empires du Centre, qui occupent la Belgique, la Pologne, la Roumanie, la Serbie, le Montenegro. Lui faire rendre ce qu'elle a pris, ce qu'elle détient injustement, la mettre hors d'état d'en faire des annexions et de s'en faire des indemnités, tels ont été, tels sont et tels resteront nos buts de guerre, les buts de guerre communs, qui sont nos conditions de paix, et que nous n'avons point à réviser. Tant que nous n'aurons pas obtenu et assuré cela, il n'y aura pas la paix, parce que, si cela n'est pas obtenu et assuré, il ne peut y avoir de paix équitable, de paix stable, de paix durable.

Maintenant qu'on a répondu, non pas nous, qui n'engageons que nous, mais M. Ribot, lord Robert Cecil, M. Asquith, qui engagent la France et la Grande-Bretagne, à la question du gouvernement russe, peut-être serait-il permis de l'interroger à son tour. Nous ne demanderons pas à la Révolution jusqu'où elle a revisé les « buts de guerre » de l'ancien régime. Que la Russie nouvelle répudie ou n'accepte que sous bénéfice d'inventaire les testaments les plus célèbres, c'est un choix qui ne regarde qu'elle. Mais il est un problème qui nous intéresse tous. Comment se prépare-t-elle à tenir les obligations souscrites jadis par le gouvernement impérial et qu'elle a déclaré solennellement vouloir assumer et exécuter? Des faits graves, l'indiscipline qui déchirait l'armée, la discipline par trop moderne qui la désagrégeait, les démissions, heureusement retirées, des généraux Broussiloff et Gourko, nous avaient à bon droit troublés. Les proclamations du prince Lvoff et de M. Kerenski, la dépêche de M. Terestchenko nous rassurent, dans la mesure où peuvent être une assurance, les plus sincères, les plus mâles paroles, qui ne sont pourtant pas des actes. Il y a quelques jours, au plus aigu de la crise, avant qu'en éclatant elle fût en voie de se résoudre, nous eussions conseillé de faire les comptes et de dresser les plans, comme si le facteur russe devait être provisoirement éliminé de nos calculs ; ce qui pourrait nous venir de ce côté-là étant porté en supplément, comme un *boni*. A tout prendre, aujourd'hui, sans croire que toutes choses soient parfaitement rassises et remises en place, qu'un ordre démocratique remplisse pleinement les cadres de l'ordre autocratique aboli, et que l'armée russe soit tirée de cette anarchie spontanée à laquelle la Russie était par son génie prédestinée plus que toute autre nation, il semble qu'il y ait dans son état cette manière d'amélioration qu'on éprouve lorsqu'un abcès crève. Il n'est jamais certain qu'il ne s'en reformera pas un autre à côté, mais c'est, quand même, une rémission et un espoir. Ce sera la guérison, s'il devient avéré que le gouvernement provisoire a autant de volonté que de bonne volonté, et autant de pouvoir que de volonté.

Seulement, la révision des « buts de guerre », la paix « sans annexions ni indemnités », ce sont des sujets qu'il serait préférable de ne pas trop agiter encore, et sur lesquels il faudrait, en tout cas, que ce ne fût pas toujours les mêmes qui se fissent entendre. Pour nous, si scrupuleux observateur que nous soyons de « l'union sacrée », nous ne pouvons cacher qu'à notre avis, on laisse les socialistes beaucoup trop discourir là-dessus, ou, s'il n'est pas facile de les faire taire, qu'on les écoute beaucoup trop. Quel que soit le mérite qu'on ne puisse leur contester, d'être présents à tout, de ne pas s'endormir, et de ne pas souffrir qu'on les néglige ou les oublie, il n'en reste pas moins qu'ils ne sont qu'une part, la plus remuante et la plus bruyante, mais une assez petite part du peuple français et des autres peuples. Ils n'ont pas même le nombre, mais l'eussent-ils, et eussent-ils d'ailleurs toute sorte de qualités, qu'ici, nous voulons dire : en cette matière, il leur manquerait la seule qualité qui vaille, la compétence. Un bon traité de paix ne se fait pas d'instinct, avec du sentiment. A coup sûr, dans le monde contemporain, ce serait être médiocrement et incomplètement réaliste que de ne compter pour rien ces grandes forces idéales, la liberté, le droit, la justice, qui sont de très grandes réalités; mais ce ne sont pas les seules : les nécessités géographiques, historiques, économiques et stratégiques sont aussi des réalités, qu'on ne supprime pas parce qu'on les ignore.

Prenons garde de faire le jeu de l'Allemagne. Il y a, au milieu de tant d'obscurités, une certitude. C'est que l'Empire allemand aspire de tout son être, tend de tous ses organes à la paix; et c'est que l'Autriche-Hongrie en est encore plus affamée que l'Allemagne même. La démission, [illegible] annoncée, du comte Tisza, et qui [illegible] présentée comme officielle, pourrait avoir pour [illegible] profonde ce besoin urgent de la paix, bien [illegible] qu'une querelle sur une question intérieure, [illegible] aussi grosse question que la réforme [illegible]. Les allées et venues du Chancelier [illegible]

Vienne, du comte Czernin à Berlin et au grand quartier général, les indiscrétions qu'on tolère, quand on ne les provoque ou ne les commet pas, sur « le dissentiment » qui se serait élevé à ce sujet entre les deux Puissances, le soin qu'on prend ensuite de démentir, de dire qu'on est absolument d'accord et que, du reste, dans ces entretiens amicaux, on ne s'est jamais occupé que de la Pologne ; ces démarches, ces confidences, ces demi-secrets, ces révélations sont des feintes par lesquelles il n'est pas permis de se laisser tromper. Le discours hermétique de M. de Bethmann-Hollweg, parlant au Reichstag pour ne rien lui dire, pris qu'il était entre les feux croisés de ses adversaires de gauche et de ses adversaires de droite, discours si équivoque que, depuis la consultation de Panurge sur le mariage, on n'en avait pas entendu d'homme plus embarrassé, ce discours tout en silences est un aveu criant.

Vainement le docteur Rœsicke apostrophe M. Scheidemann, et vainement le comte Reventlow ou le baron Gebsattel se déchaînent contre le Chancelier. Vainement aussi, et plus vainement encore, on invoque « la paix Hindenburg », puisque maintenant Hindenburg est le dieu de la paix comme de la guerre. Ce serait si peu de chose. L'Allemagne serait si raisonnable ! « Tout ce qu'elle demande, c'est simplement Anvers, la côte de Flandre, les houillières belges, les mines de fer du nord-est de la France, Briey et Longwy. » Mais, là non plus, il n'y a pas de ligne Hindenburg ; cette ligne n'est pas une ligne, c'est une suite échelonnée de positions ; c'est un système de défense à plusieurs lignes ; et la première est la paix Reventlow, celle des agrariens et des pangermanistes, celle du Comité de Dantzig ; on l'appelle « Hindenburg » pour lui porter bonheur. La troisième est la paix Scheidemann, la paix socialiste, la paix sans annexions et sans indemnités. Entre les deux, indécise, flottante, la paix Bethmann-Hollweg, qui aimerait mieux se rapprocher de la première, mais se reporterait au besoin sur la troisième. N'hésitons pas à dire que, dans l'état présent des choses, après trois ans d'une pareille guerre, toutes les deux, paix impérialiste ou paix socialiste, paix Hindenburg ou paix Scheidemann, seraient la paix allemande. Ce ne serait pas en finir que de finir pour recommencer. Souvent, quand a été renouvelé le serment des premiers jours : « Jusqu'au bout ! » — « Jusqu'au bout de quoi ? » a-t-on demandé. Jusqu'au bout de la volonté et de la puissance d'agression allemandes. Il n'y aura de paix que la paix qui brisera entre les mains de l'Allemagne, — empereur allemand et peuple allemand, — les moyens de nuire, et, autour d'elle, effacera ses influences sinistres. C'est ce que M. Ribot, dont la simple éloquence fuit toute déclamation, et que sa modération autorise à se montrer inébranlable, a signifié, du haut de la tribune, en termes sur lesquels il n'y a point à revenir, et auxquels le gouvernement anglais, par la bouche de lord Robert Cecil, a donné, le lendemain, son approbation : « Ils viendront demander la paix, non pas hypocritement comme aujourd'hui, par des moyens louches et détournés, mais ouvertement, et nous ferons cette paix à des conditions dignes de la France. Et, s'ils ne la demandent pas, cette paix, nous saurons la leur imposer ! »

M. Ribot l'a dit simplement, définitivement, et, pour le répéter, sans fanfaronnade, nous n'avons qu'à regarder ce qui se passe ou ce qui se prépare au plus près et au plus loin de nous. « Nous avions pu, — c'est encore M. Ribot qui parle, — avoir quelque inquiétude sur la façon dont le gouvernement russe... était enveloppé par d'autres influences qui rendaient son action difficile, et qui laissaient le champ libre à une sorte d'anarchie. » Mais tous nos doutes, la dernière phrase du télégramme de M. Terestchenko les disssipe. Appuyé par la nation tout entière consciente de son devoir, « le gouvernement provisoire procédera d'urgence à la reconstitution des forces combatives de ses armées pour qu'elles puissent aller, animées du grand souffle révolutionnaire, accomplir la tâche qui leur incombe en commun avec leurs vaillants frères d'armes ». L'Angleterre, malgré l'élan avec lequel elle s'était, dès le début, jetée au secours de la neutralité belge violée, avait dans le pied comme une épine que l'Allemagne a tâché d'envenimer, la question d'Irlande. L'initiative hardie de M. Lloyd George, remettant à une convention de tous les partis irlandais, depuis les orangistes jusqu'aux *Sinn Feiners*, le soin de régler eux-mêmes, entre Irlandais, le statut de l'Irlande, ôte au poison toute sa virulence, rend à la Grande-Bretagne toute sa force. Avec plus ou moins de confiance dans l'issue de ces conférences, M. John Redmond, pour les nationalistes, M. O'Brien en son propre nom, sir John Lonsdale, au nom de sir Edward Carson, chef de l'Ulster, qui est ministre, y ont donné leur adhésion. Si même la convention ne doit pas réussir à trancher le conflit, elle l'aura calmé; et, tendue, en armes, vers le continent, la Grande-Bretagne, pendant la guerre, n'aura pas à se retourner. Tout récemment, en présentant une nouvelle demande de crédits de 500 millions de livres sterling, M. Bonar-Law, comme M. Lloyd George, comme M. Asquith et lord Robert Cecil, a affirmé et confirmé sa fermeté irréductible.

L'Amérique, et, plus explicitement, les trois Amériques, viennent à nous. Déjà nous avions avec nous toute l'Amérique du Nord, les États-Unis et le Canada. Dans l'Amérique centrale, déjà le Guatemala avait rompu les relations diplomatiques avec l'Allemagne ; Costa-Rica et Panama avaient déclaré leur solidarité avec les Etats-Unis. Le Nicaragua et Honduras rompent à leur tour. Cinq républiques sur six se sont donc prononcées. Seul le Salvador s'est jusqu'ici réservé. Le Mexique même, trait d'union ou du moins lieu de rencontre entre le Nord et le Sud, informe l'Empire allemand qu'il est blessé de la barbarie de la guerre sous-marine à outrance. Dans l'Amérique du Sud, le Brésil révoque une déclaration de neutralité, qui avait un peu surpris, comme étant en contradiction avec la rupture précédemment signifiée : et ce premier pas paraît devoir être suivi d'un second, qui serait le grand pas, la déclaration de guerre. Il est vraisemblable qu'alors le mouvement se propagerait, et que l'Union des trois Amériques grouperait la presque totalité des Républiques américaines. En Extrême-Orient, le Japon, la Chine apportent la contribution de l'Asie. L'Australie, la Nouvelle-Zélande ont été des ouvriers de la première heure. C'est pourquoi nous osons, en toute sûreté, poser cet axiome : On peut défier le monde entier, se battre, se débattre contre lui, le tenir en échec un certain temps, un temps plus ou moins long : on ne le bat pas.

Fatalement, on est battu ; à la longue même, il vous battrait les bras croisés, si seulement il croisait les bras. Toutes ces Puissances lointaines, les Amériques, l'Extrême-Orient, même celles qui ne songent pas à envoyer des troupes en Europe, porteront à l'Allemagne un coup formidable dès qu'elles ne lui enverront plus rien. Rien directement, rien indirectement. Rien à elle-même, rien pour elle aux neutres complaisants ou terrorisés. Des neutres, il n'y en a plus guère, en dehors de ceux qui sentent et à qui on ne laisse pas oublier qu'ils sont sous la botte. L'impitoyable Allemagne fait sur leur dos sa guerre au monde, assassine leurs marins, coule leur flotte marchande, anéantit leur commerce, coupe leur propre ravitaillement;

plus de 900.000 tonnes à la Norvège, plus de 200.000 au Danemark. Ils souffrent tout, de peur d'être exposés à pis. Mais l'Espagne est, géographiquement, au bout de l'Europe, et, historiquement, elle est l'Espagne. M. Garcia Prieto ne pourra pas souffrir ce que le comte de Romanonès n'a pas souffert. Pour qu'il se satisfasse d'excuses, qui ne valent qu'à terme, il faudrait que le torpillage du *Praticio* fût le dernier. Un de ces jours, après un nouvel attentat, tous les partis et toutes les provinces, non seulement les républicains et les libéraux des grandes villes, mais les carlistes des pays basque et navarrais se remettront à parler castillan. A cette heure, le service le plus utile que puissent nous rendre nos alliés des Amériques, c'est, en mesurant exactement leurs expéditions aux neutres sur les besoins vérifiés des neutres, — chiffres de 1913, par exemple, — de les enfermer dans leur neutralité. Qu'ils les aident à se nourrir, soit, mais non pour qu'ils aident à nourrir l'Allemagne. Pour nos amis, le neutre ne peut plus être neutre, qui alimente nos ennemis.

XII

15 juin.

LA RENTRÉE DE BROUSSILOFF. — LA CONFÉRENCE DE STOCKHOLM. — LES SOCIALISTES FRANÇAIS ET LA CONFÉRENCE. — LA PAIX NE PEUT SORTIR QUE DE LA VICTOIRE. — LES CONDITIONS DE LA SEULE PAIX POSSIBLE. — L'HEURE DE LA LUTTE LA PLUS RUDE. — DÉSARROI CHEZ L'ENNEMI. — PARTOUT LES SYMPATHIES POUR LES ALLIÉS SE DÉCLARENT.

De la guerre elle-même, des opérations militaires il n'y a, cette fois, que peu de chose à dire. Il semble, non pas qu'on se soit reposé, mais qu'on ait repris haleine un peu sur toute la ligne, de la Mer du Nord à l'Adriatique. Les offensives alternées, la triple offensive d'Occident, l'anglaise, la française, l'italienne ont paru être un instant suspendues. Mais déjà la première se renoue, et l'armée britannique, enlevant le système de défense ennemi au sud d'Ypres, a conquis une crête qui l'arrêtait depuis 1915, et ramené plus de cinq mille prisonniers.

En face d'elle et de nous, Hindenburg, cette espèce de roi casqué des chemins de fer stratégiques, soumet à un trafic intense les grandes voies qui traversent l'Allemagne d'est en ouest et grâce auxquelles il peut tisser ses trames sur l'énorme métier dont des millions d'hommes sont les navettes. Sans métaphore, tout ce que l'inaction du front russe lui permet d'enlever de là-bas, artillerie par centaines de pièces et divisions par vingtaines, il les jette sur nous; quant à présent, il s'est borné à nous barrer le passage en contre-attaquant avec l'extrême brutalité qui caractérise sa manière. Il tâte le mur qu'il a devant lui, et si, en quelque point, ses coups de bélier répétés parvenaient à y faire une brèche, il lancerait tout de suite, pour l'élargir et pour y passer, les réserves qu'il économise en Russie, ou gratte dans les fonds de tiroir de l'Empire, transporte et accumule ici. Comme la situation est telle sur le front russe que, bien que ce ne soit pas la paix, ce n'est pas non plus la guerre, il y renvoie à tout événement ses régiments fatigués, qui s'y mettent au vert, tranquillement, dans la douceur imperturbée du printemps septentrional, et nous renvoie autant de régiments frais, qu'il met au feu, jusqu'à ce qu'ayant atteint le nombre de pertes réglementaire, ils soient relevés à leur tour et encore remplacés. Pour la même raison, les Autrichiens font de même sur le Carso.

Il est vrai qu'à en croire même des dépêches de source allemande, tel ou tel secteur du front russo-roumain se réveillerait, et qu'on y entendrait de nouveau gronder le canon. Le nom glorieux de Broussiloff recommence à être prononcé ailleurs que dans des clubs d'officiers ou de soldats. Le voilà généralissime des armées de la Révolution. Espérons que bientôt, le plus tôt possible, ce mot qui fit naître tant d'espérances : « le front unique », aura retrouvé son sens plein, et ne signifiera plus, au détriment des forces de l'Entente, un seul front, le front d'Occident, anglo-franco-italien, contraint ainsi à recevoir toute la charge et fournir tout l'effort.

En France, la quinzaine appartient presque tout entière à la politique, mais, naturellement, la politique tourne presque tout entière autour des événements ou des circonstances de la guerre. La Chambre des députés, rentrée le 22 mai, a, en séance publique ou en comité secret, entamé trois discussions sur des sujets qui, à divers titres, ne pouvaient laisser l'opinion indifférente : le ravitaillement, la guerre sous-marine, le projet de voyage des socialistes à Stockholm. De ces trois débats, le plus gros de beaucoup et le plus passionné, on peut dire le plus émouvant, a été le dernier, relatif à la Conférence, à cause de ce que l'outre recélait dans ses flancs. Mais il faut, pour le suivre en ses gonflements successifs, et jusqu'à l'ordre du jour qui a crevé le sac, prendre l'affaire à son origine.

On se rappelle comment, au lendemain de la révolution russe, est née l'idée de cette espèce de Diète de la Confédération socialiste. Elle apparut d'abord, — ou c'est par là que nous la connûmes d'abord, — dans le journal hongrois *Vilag*, que les bulletins officieux, en leur classification, étiquetèrent radical et franc-maçon, et qui la saluait avec un emportement de lyrisme extravagant.

Stockholm, s'écriait-il, va devenir le second Bethléem de l'humanité ! Sur l'initiative même de la réunion, il y eut, au début, quelque obscurité. Régulièrement, deux personnes avaient qualité pour lancer la convocation : M. Emile Vandervelde, président, et M. Camille Huysmans, secrétaire du bureau socialiste international, dont le siège avait été fixé à Bruxelles, du consentement de la social-démocratie allemande, afin qu'il y fût plus en sûreté. Mais, cette année, en avril, quand on parla de la Conférence, le président et le secrétaire étaient séparés ; M. Vandervelde était au Havre, M. Huysmans était en Hollande. Est-ce justement parce que ce dernier était en Hollande que la lettre d'invitation fût signée du socialiste hollandais Troelstra, ou ne doit-on y voir qu'une rencontre fortuite, un pur hasard ? Toujours est-il qu'au bout de deux ou trois semaines, nous retrouvons ensemble à Stockholm M. Troelstra et M. Huysmans, fort occupé à fournir sur son aventure des explications qui ne sont pas très claires, au moins pour nous.

Mais enfin, par l'un ou par l'autre, la convocation avait été lancée. Le parti socialiste, le nôtre, S. F. I. O, — Section française de l'Internationale ouvrière, — en sa grande majorité, la reçut plus que froidement, il la traita avec dédain. Qu'est-ce que Troelstra venait faire là-dedans, et que lui voulait cet intrus ? Et puis, se rendre à Stockholm, pourquoi ? Pour y rencontrer Scheidemann et ses camarades du Schloss et de la Wilhelmstrasse ? Tant que la social-démocratie allemande n'aurait pas fait les gestes nécessaires, le socialisme français n'aurait rien à lui dire, ni à entendre d'elle. Donc il ne répondrait que par un refus, qu'il n'envelopperait pas de prétextes et n'adoucirait pas d'excuses. Cependant la minorité travaillait, et peu à peu gagnait des voix. Elle en gagnait assez, dans la Fédération de la Seine, — organisation départementale, — pour y devenir majorité et se faire, par suite, attribuer la majorité des mandats au prochain Conseil national, sorte de Convention de tout le socialisme français. Néanmoins l'ancienne majorité, alors, ne désespérait point, ne songeait pas à se rendre, se montrait résolue à lutter.

On apercevait bien l'amorce d'une transaction : dans le cas où la majorité déciderait d'aller à Stockholm, il serait entendu que ce serait pour éclairer le socialisme international, qui peut-être n'en est pas instruit suffisamment, sur les causes et les culpabilités de la guerre, et mettre devant lui en accusation l'Empire allemand et le socialisme allemand, hautement déclarés complices dans le crime et solidaires dans le châtiment. Telles étaient, au matin du dimanche de la Pentecôte où tous ces bons apôtres se réunirent dans leur cénacle, les positions et les dispositions. La majorité d'hier voulait voir surtout une chose : si, après avoir résisté, elle acceptait de faire le voyage, ce serait dans un dessein en quelque manière, et à sa manière, patriotique : afin de confondre le socialisme allemand, et de le faire condamner par le socialisme universel. La minorité d'hier, déjà triomphante, ne voyait qu'une chose dans le fait qu'on allait à Stockholm, c'est qu'on y allait. Par delà se tenaient, dans leur île qui n'était ni escarpée ni sans bords, et où une société de jour en jour plus mêlée débarquait, avec les « zimmerwaldiens », MM. Bourderon et Merrheim, les trois « kienthaliens », les trois mousquetaires de la petite classe, MM. Alexandre Blanc, Brizon, Raffin-Dugens. La première séance languit parmi les procédures ; mais, l'après-midi, il se fit un coup de lumière ; l'esprit descendit sous la forme de deux députés, retour de Russie, M. Marcel Cachin et M. Marius Moutet.

M. Marcel Cachin, le visage violemment contracté avec une sorte d'ardeur sombre, les yeux brillants et humides, dans l'exaltation qui, au contact du délire slave, s'était emparée de son âme celtique, peignit en traits de flamme ce qu'ils avaient vu. — Dans l'armée russe, il n'y a plus aujourd'hui que des soldats-citoyens et des officiers ayant une conception nouvelle de leur rôle ; des représentants élus veillent au respect des institutions démocratiques introduites au front. Les comités des ouvriers et soldats, les *Soviets*, en particulier le Soviet de Pétrograd, qui avait délégué dans le gouvernement provisoire M. Kerenski, l'emportent définitivement. Ils veulent que le gouvernement ne soit pas seulement démocratique à l'intérieur, mais qu'il impose à l'extérieur la politique de guerre et de paix pour laquelle, en Russie, toutes les tendances socialistes et révolutionnaires combattent. Ce que demande le Soviet, ce n'est pas une paix séparée, ni une paix à tout prix. C'est pour une guerre de véritable libération qu'il s'est prononcé. — « Obtenez donc de vos gouvernants, dit le Soviet aux socialistes alliés, qu'ils marquent enfin des buts de guerre qui montreront de façon évidente que, si la guerre dure encore, la faute en est uniquement imputable au militarisme allemand. L'infaillible moyen de le montrer, c'est une réunion de l'Internationale. »

Sur quoi, la conscience française de M. Cachin et de M. Moutet a plus qu'un scrupule, une révolte. Ils distinguent obligeamment :

« Nous sommes, ont-ils déclaré sur-le-champ au Soviet, opposés à une réunion internationale convoquée dans les conditions que vous savez, mais une convocation émanant de la Révolution russe recevra de nous le meilleur accueil. Quant aux formules de paix du Soviet : « Pas d'annexions, pas de contributions », elles sont nôtres. Mais la question d'Alsace-Lorraine, mais les ravages subis par la Belgique et le Nord de la France, est-ce que cela prend le sens d'une politique d'annexions et d'indemnités ? En poursuivant ces buts, ne sommes-nous pas au centre même de la politique de guerre du socialisme ? — Non, répondent les socialistes russes, ce n'est pas là la politique du socialisme. Celle-ci consiste dans la consultation des populations intéressées et dans le respect absolu de leur verdict. » M. Moutet, non moins brûlant que son compagnon, confirma, appuya, conclut : « Nous sommes pour qu'on réponde à la Révolution russe, et pour que les conditions posées par elle-même soient acceptées. Nous demandons seulement des explications et nous pensons qu'on peut donner une acceptation de principe à la convocation. » Quelqu'un de la minorité interroge, à double fin : « Nos camarades russes nous demandent-ils de nous rendre à une réunion de l'Internationale ? Nous demandent-ils d'aller à Stockholm ? » — A Stockholm, pense M. Moutet, pour y préparer une réunion de l'Internationale que désirent les camarades russes. La Conférence de Stockholm se limiterait probablement à des auditions séparées des sections nationales ou de fractions de ces sections, qui se côtoieraient, mais ne s'assembleraient pas. On se frôlerait sans se frotter. Les Russes paraissaient être aussi de cet avis. Mais il n'y a encore rien de fait, et l'on ne sait pas bien.

Toutefois, voici qui est plus précis. En revenant de Petrograd, les missionnaires se sont arrêtés à Stockholm, où M. Branting, président désigné, leur a remis un document qui porte la date du 19 mai et le titre de : *Programme pour les discussions aux conférences préliminaires.* Ce document est un monument, et, par la substance, sinon par le volume, toute une encyclopédie. Il est divisé en cinq chapitres. — I. Conditions de paix ; — II. Éléments fondamentaux des rapports internationaux ; — III. Réalisation politique de ces buts ; — IV. Action de l'Internationale et de la démocratie ; — V. Conférence socialiste générale. Chacun de ces chapitres, à son tour, se subdivise en plusieurs paragraphes, où il n'est pas un problème politique, juridique, économique qui ne soit soulevé. Là-dessus une controverse s'engage au sein du Conseil national, mais ce n'est pas qu'on juge le programme trop vaste ou qu'on se juge incompétent : on n'a pas de ces faiblesses. Bref, il est résolu, le lundi soir, qu'on ira à Stockholm; tous les chemins sont ouverts, et toutes les portes, d'entrée, de sortie et de rentrée. A l'unanimité, on a voté une motion dont l'essentiel tient en ces lignes : « Le Conseil national... accueille l'initiative des camarades russes, s'y associe pleinement et se joint à eux pour demander la réunion de l'Internationale; décide en même temps l'envoi d'une délégation à Stockholm apportant dans les conférences préparatoires les vues de la section française pour une action commune destinée à préparer la paix selon les principes formulés par le gouvernement révolutionnaire et les socialistes de Russie. » Les mots ne sont pas mâchés, et la proposition finale est à retenir.

Au premier bruit d'un voyage possible de nos socialistes à Stockholm et d'une rencontre possible entre eux et la social-démocratie allemande, tandis que ce n'était encore qu'une fantaisie de la minorité, et avant même que le vote du lundi 28 mai l'eût changée en décision unanime du parti, les inquiétudes les plus vives, les plus légitimes s'étaient fait jour. Une demande d'interpellation avait été déposée à la Chambre. Si, comme en un temps ordinaire, M. Longuet et M. Renaudel, délégués par la Commission administrative permanente du parti, qui en est le pouvoir exécutif, eussent pu se mettre librement en route, et si, de ce fait, ils n'avaient engagé que M. Longuet et M. Renaudel, ou tout au plus, avec eux, la C. A. P., et, si l'on le veut, par surcroît, le Conseil national, et, au total, le parti socialiste, peut-être aurait-ce été déjà tomber dans le piège allemand que de prêter à leur déplacement tant d'importance. Mais, dans le temps malheureux où nous sommes, il leur fallait des passeports, qui ne pouvaient pourtant pas être signés de M. Dubreuilh, et que le gouvernement seul avait qualité pour leur donner. C'était l'obstacle, dès le point de départ. Car, de la part du gouvernement, donner aux mandataires du parti socialiste leurs passeports, c'était marquer, permettre de supposer, admettre implicitement soit qu'on les approuvait, soit, à tout le moins, qu'on ne les désapprouvait pas, qu'on ne les désavouait pas. Le sentiment, à cet égard, de M. Ribot et de son Cabinet ne pouvant guère être douteux, une deuxième question sortait immédiatement de la première, qui s'élargissait : il s'agissait de savoir si le gouvernement serait indépendant, ou si le parti socialiste serait prépondérant; en d'autres termes, s'il n'y avait qu'un gouvernement, dans le Conseil et sur les bancs du ministère, ou s'il y avait, dans la coulisse et sur les bancs de l'extrême-gauche, un gouvernement du gouvernement.

Nous devons rendre à M. Ribot cette justice que son parti a été pris tout aussitôt, et qu'il s'y est tenu inébranlablement, en dépit de toutes les manœuvres et de toutes les pressions auxquelles il a été en butte, du premier au dernier moment. Mais, s'il savait l'obstination redoutable des socialistes, il connaissait aussi la résolution, nous ne dirons pas seulement de ses amis, quoiqu'ils se soient empressés de lui en porter la ferme expression, mais des trois quarts de la Chambre et de la quasi-unanimité du Sénat ; et, au dehors, autour des murailles, il entendait la clameur répétant la grande parole, non de la Révolution russe, mais de la Révolution française, qu'on ne traite pas, qu'on ne « cause » pas avec l'ennemi qui foule le territoire national. Au surplus, il n'a eu besoin de consulter personne que lui-même, et même, plus exactement, il n'a pas eu besoin de se consulter. Il a refusé les passeports. Même pour Pétrograd? car la subtilité socialiste épiloguait, et le cas était délicat. Mais, de même que M. Renaudel distinguait entre les lieux, M. Ribot pouvait distinguer entre les temps. « Le gouvernement, a-t-il dit, accordera toujours volontiers des facilités pour aller visiter et entretenir nos amis de Pétrograd, lorsque cette question du congrès de Stockholm aura été écartée et que ceux qui se rendront à Pétrograd ne courront pas le risque de rencontrer, malgré eux, les Allemands. » D'ailleurs, le voyage des deux socialistes, leurs passeports, c'est l'accident ou l'apparence. Le fond, c'est la liberté, l'autorité, la responsabilité du gouvernement, c'est la vérité constitutionnelle. M. le président du Conseil ne s'y est pas trompé, et il y est allé tout droit, après un court exorde : « Le premier inconvénient d'un pareil projet, qui n'est pas né en France, c'est de laisser supposer qu'un parti peut avoir la prétention de se substituer au gouvernement dans la détermination de la politique nationale... Eh bien ! la paix future ne peut pas être l'œuvre d'un parti quel qu'il soit... La paix future ne peut être, en ce qui concerne la France, qu'une paix française, c'est-à-dire une paix résumant les aspirations du pays tout entier. » Ensuite, au milieu des « applaudissements prolongés », M. Ribot a continué : « Maintenant, comment pourrait-on, à cette heure, à cette heure de la lutte la plus dure et la plus rude, converser avec ceux qui sont nos ennemis, qui, à aucune heure, depuis le commencement de ce drame terrible, n'ont pas eu un mot qui désavoue le crime qui a été commis contre nous, qui ont approuvé de leur silence toutes les atrocités commises contre nous ? Et c'est quand la France est encore occupée par l'ennemi que nous pourrions entamer ces conversations ? Cela est impossible. La paix ne peut sortir que de la victoire. »

Les acclamations de la Chambre, subitement dressée, duraient encore quand M. Marcel Cachin monta à la tribune, moins pour répondre à M. le président du Conseil que pour tracer devant les députés, comme il l'avait esquissé maintes fois devant le Conseil national du parti socialiste et partout où une curiosité amicale lui avait fait un auditoire, le tableau pathétique de la Russie révolutionnaire telle qu'elle lui était entrée dans les yeux et dans le cœur. Ici, la Chambre s'enferme en Comité secret, et nous ne savons plus rien jusqu'à ce que se rouvre la séance publique. Mais, en rejoignant les deux tronçons, il ne sera pas si malaisé de combler l'intervalle et de deviner ce qu'il importe de ne pas tout à fait ignorer.

L'ordre du jour dont il a été donné lecture à la reprise de la séance publique prouve que, dans le Comité secret, le débat s'est encore élargi ; que non seulement la question de gouvernement, la question de savoir s'il y a un gouvernement et où est le gouvernement s'est superposée à celle, devenue secondaire, des passeports pour le voyage à Stockholm, et par conséquent que le fond même de notre politique intérieure a été évoqué ; mais qu'on a parlé des « buts de guerre », ou des conditions de la paix, pour le jour, quelque incertain et lointain qu'il puisse être, où la paix sera possible ; de ses conditions, pas de ses moyens ; et par conséquent que l'on s'est occupé des directions mêmes de notre politique extérieure ; à ce point que l'objet primitif de la discussion, l'octroi des passeports, précédemment subordonné, a finalement été abandonné, éliminé.

Cet ordre du jour est ainsi conçu : « La Chambre des députés, expression directe de la souveraineté du peuple français, adresse à la démocratie russe et aux autres démocraties alliées son salut. Contresignant la protestation unanime qu'en 1871 firent entendre à l'Assemblée nationale les représentants de l'Alsace-Lorraine malgré elle arrachée à la France, elle déclare attendre de la guerre, qui a été imposée à l'Europe par l'oppression de l'Allemagne impérialiste, avec la libération des territoires envahis, le retour de l'Alsace-Lorraine à la mère patrie et la juste réparation des dommages. Eloignée de toute pensée de conquêtes et d'asservissement des populations étrangères, elle compte que l'effort des armées de la République et des armées alliées permettra, le militarisme prussien abattu, d'obtenir des garanties de paix et d'indépendance pour les peuples, grands et petits, dans une organisation, dès maintenant préparée, de la Société des nations. Confiante dans le gouvernement pour assurer ces résultats par l'action coordonnée, militaire et diplomatique, de tous les Alliés, etc. »

Et certes, une déclaration aussi solennelle eût pu être composée et écrite autrement. Quelqu'un aurait préféré dire : « La Chambre, approuvant l'attitude du Gouvernement, confiante en lui pour conduire énergiquement, avec le plein concours des Alliés, la guerre que la France a été forcée de subir, mais qu'elle est décidée à poursuivre jusqu'à une victoire qui lui assure, conformément à ses droits historiques, à ses intérêts politiques et économiques, aux conditions de sa vie dans le présent et de son développement dans l'avenir, les restitutions, les réparations et les garanties nécessaires ; résolue à n'accepter qu'une paix qui récompense le sacrifice héroïque d'une génération par la libération des autres et qui fonde sur la justice la sécurité nationale et les relations internationales, etc. » C'eût été peut-être la même pensée, presque le même langage, ce n'était pas le même accent. C'eût été à la fois plus précis et plus général, plus vaste et moins limitatif, moins parlementaire et plus politique ; surtout, cela sonnait plus haut. Mais ce n'est pas ce que la Chambre cherchait.

On voit très bien pourquoi et comment a été rédigé le texte qu'elle a retenu. Il a été le fruit de concessions réciproques, ou plutôt de concessions balancées aux uns et aux autres, qui se sont mis à cent pour le dicter. Le salut initial à la démocratie russe n'est pas, de la part de son principal auteur, un simple souvenir classique : c'est une politesse aux socialistes. Le rappel de la protestation des Alsaciens-Lorrains est une idée ingénieuse de M. Klotz. La répudiation de l'esprit de conquête est encore une attention pour les socialistes, qui se laisseraient engager en échange à abattre le militarisme prussien. L'acte de foi ou d'espérance dans la « société des nations » est à l'adresse de M. Renaudel autant que de M. Wilson, et, par son intention, devient un peu un acte de charité. C'est le comment ; quant au pourquoi, il n'est pas plus difficile à saisir. La complaisance de tous les groupes, la patience de la Chambre, les adjurations de M. Ribot le révèlent : il s'agit d'éviter une coupure, de retenir les socialistes, de les reprendre, de les ramener. Il s'agit de refaire ou d'affirmer l'union des âmes par l'unanimité des voix. La peine n'a pas été absolument perdue. L'ordre du jour fut adopté par 467 députés contre 52, dont 47 socialistes impénitents et 5 socialistes ou radicaux fantaisistes. Le Sénat, qui, selon l'habitude, a doublé sans délai le Comité secret du Palais-Bourbon, a corrigé heureusement par un second ordre du jour, voté, celui-là, à l'unanimité (on n'y connaît pas de socialistes), ce que ce style avait de trop mou. Et, pour ce que ce programme pourrait avoir de trop modeste, M. le président du Conseil a tout réservé en jurant : « Il n'y aura de paix que dans la victoire. » Le Destin n'a pas les mains liées. Nous le forcerons par notre constance; et notre volonté seule, qui donnera la mesure de notre vertu, fixera celle de notre fortune.

Ce n'est pas à dire, — et il faut même dire franchement le contraire, — que nous ne soyons pas, suivant la remarque de M. Ribot, à l'heure de la lutte la plus rude. Il n'y a point de place ici pour les fanfaronnades. Oui, l'heure est rude et longue à s'écouler; et derrière elle viennent peut-être de plus longues et de plus rudes heures. Mais ce n'est pas entre des jours tissés d'or et de soie et des jours emplis de misères et de deuils, ce n'est pas entre la vie douce et la vie âpre ou gênée que nous avons à choisir, c'est entre la vie et la mort.

La France ne vivra que si les Français, qui ont si magnifiquement montré qu'ils savent mourir, montrent maintenant qu'ils savent souffrir : elle ne durera que s'ils endurent. Qu'est-ce, auprès de cette nécessité, que les petites privations qu'on nous impose? Nous demandons seulement, non pour ne pas les supporter, mais pour pouvoir en supporter d'autres et les supporter plus longtemps, qu'on ne nous en impose pas d'inutiles ou d'inefficaces. Nous demandons que le gouvernement et l'administration comprennent que leur rôle ne consiste pas à tout espérer et tout exiger du public, parce que, s'il en était ainsi, il ne serait besoin ni de gouvernement ni d'administration, et l'on aurait pratiquement établi l'identité de l'ordre et de l'anarchie. Nous demandons que le ministère du ravitaillement ait, plus nettement qu'il ne paraît l'avoir, la conception qu'il peut être et doit être autre chose qu'un ministère du rationnement, qu'un organe d'intervention par interdiction à tort et à travers. Nous demandons que, lorsqu'il n'arrange point, il ne dérange pas, et que, lorsqu'il ne trouve pas en lui-même assez de compétence, il ne craigne pas d'en emprunter. De même pour le blocus et la guerre sous-marine. Sans exagérer les effets de la campagne scélérate entreprise par l'Allemagne pour mettre l'Entente à genoux, — du moins ses effets de destruction, ses effets directs, — sans oublier que le résultat est très loin d'avoir atteint ce qu'elle s'était promis, cependant ses effets indirects, ses effets d'intimidation et de paralysie se font et à la longue se feraient de plus en plus sentir. Nous demandons une action vigoureuse; il y a deux ans que l'amiral Degouy, dans la *Revue des Deux*

Mondes, en démontrait infatigablement l'urgence et la possibilité; deux ans qu'il ne cessait de rappeler que, pour détruire un nid de guêpes, il ne faut pas attendre qu'elles aient essaimé; que sans doute il en coûtera et l'on paiera, mais que le seul moyen de limiter la perte, dans les cas extrêmes, est de consentir un sacrifice. On s'est enfin décidé à l'entendre ou à faire comme si on l'avait écouté. Toute une série d'attaques combinées, par air et par mer, contre les bases d'Ostende et de Zeebrugge produiront vraisemblablement plus qu'une chasse de plusieurs mois aux mauvais insectes envolés.

Nous avons longuement regardé chez nous ; regardons à présent chez l'ennemi. Le besoin de paix, d'une paix rapide, brusquée, qu'éprouvent les Empires du Centre, se trahit chaque jour davantage par des signes chaque jour plus nombreux, plus manifestes, plus concordants. Les menées du prince de Bulow et de M. Erzberger auprès des catholiques, en Suisse, viennent corroborer l'intrigue de M. Scheidemann, en Suède, auprès des socialistes. A défaut d'éléments positifs d'information sur la situation de l'Allemagne (encore que nous sachions qu'elle s'use, même militairement, et nous savons de combien de divisions dans les dernières batailles), cette hâte, cette fièvre, cet épuisement sont des indications qui créent en nous la certitude morale. Pareillement, les incidents qui ont marqué la réunion du Reichsrath autrichien, après trois années de vacances, le discours du Trône prononcé par l'empereur Charles, les embarras politiques de la Hongrie où l'on ne trouve pas de successeur au comte Tisza, ne sont-ce pas là des symptômes? L'haleine qui commence à manquer aux deux Empires, ce ne sont pas leurs satellites, ce n'est ni la Bulgarie essoufflée, ni la Turquie effondrée qui la leur rendront. Ils les portaient pour ainsi dire à la force du poignet; mais il n'est pas de poids plus lourd qu'un poids mort, et l'Allemagne, réduite à traîner l'Autriche-Hongrie, sera tôt ou tard réduite à se traîner.

Tout ce qu'elle peut faire, si elle le peut, c'est de maintenir péniblement, c'est de ne laisser tomber que lentement ses forces, c'est d'épargner sur son déclin. Il ne lui vient de secours, de renfort de nulle part, pas même de la révolution russe, qui n'est pour elle qu'un répit, qu'une halte, que le temps de s'éponger et de se retourner. Mais nous, il nous vient de partout du secours, du renfort, du rafraîchissement. Pendant que la Russie marque le pas, les Etats-Unis l'allongent, habitués qu'ils sont à marcher vite. Leurs navires de guerre et de transport sont sur nos côtes; leurs premiers contingents se forment; ils enrôlent en un jour plus de dix millions de soldats. S'il y avait, dans l'Entente, ce qui n'est pas dit, une défaillance du côté de l'Orient, elle serait compensée du côté de l'Occident, et c'est ce qui n'arrivera pas, mais c'est, au bout du compte, le pis qui puisse nous arriver; en aucune hypothèse, nous ne courons aucun péril, nous ne courons d'autre risque que celui-là. Partout, au moins, les sympathies se déclarent, s'affermissent, s'enhardissent, grandissent de tout ce dont nous avons grandi dans l'estime et le respect universels, par le prestige de nos chefs, par la vaillance de nos soldats, par la bonne tenue de la nation. La bienveillance du Brésil se change progressivement en un sentiment plus actif, qui ne s'en tiendra pas, il est probable, au sentiment. Nous pouvons, aux cris de l'Allemagne, nous assurer que le coup lui est douloureux pour aujourd'hui et pour demain. Et c'est une preuve de plus de ses angoisses sur aujourd'hui, que ses inquiétudes sur demain. Comme elle sait, par une expérience d'un demi-siècle, que le pavillon fait plus que de couvrir la marchandise, qu'il l'estampille, et que le commerce suit la victoire, elle doute du fer puisqu'elle doute de l'or, et, puisqu'elle doute du marché, elle doute du drapeau.

En Espagne s'élèvent pour nous les voix les plus chaudes, les plus éloquentes. Il serait injuste et maladroit de laisser croire que seuls des adversaires ou des indifférents y ont la parole. Dans cette même Plaza de Toros, qui entendit naguère les réticences et les équivoques de M. Maura, en présence de vingt mille personnes, dont beaucoup peut-être étaient les mêmes, les orateurs des gauches, professeurs illustres ou députés en vue, MM. Albornoz, Ovejero, Castrovido, Menéndez Pallarès, Unamuno, Melquiades Alvarez et Lerroux, nous ont apporté de nobles et touchants témoignages, qui nous induiraient en péché d'orgueil, si la France, en armes pour une cause si juste qu'elle en est sainte, n'avait le droit d'avoir toutes les fiertés.

Qu'elle les ait toutes, pourvu qu'elles lui ouvrent des sources et lui fournissent des raisons de fermeté. En d'autre temps, elle eut l'audace : dans le nôtre, il lui suffira d'avoir de la persévérance. Vouloir et tenir, tenir et vouloir, c'est, « à cette heure de la guerre la plus dure et la plus rude », le grand secret. Ne pas affaiblir, ne pas énerver notre effort militaire par le fléchissement de notre sens politique; ne pas couper, de l'arrière, les jarrets à l'avant. Voir clair, mais assez loin, ne pas voir en myope; ne pas fixer trop près de nous des « buts de guerre » contre lesquels irait se briser notre élan. Non seulement ne pas désespérer, mais espérer plus qu'on ne désire.

Prenons exemple sur l'Italie. Ce qu'elle veut par-dessus tout, c'est Trieste et c'est le Trentin. Mais elle profite de ses succès de l'Isonzo et du Carso pour proclamer l'unité et l'indépendance de l'Albanie sous sa protection. Elle se munit d'une monnaie d'échange, se prémunit contre un futur grand État yougo-slave sur l'Adriatique. Et elle fait, par l'Épire, coup double contre la Grèce. Elle a recueilli les leçons de Rome, et il y a toujours, en politique, à apprendre à son école.

R.F.

TABLE DES MATIÈRES

V

VI

VII

VIII

IX

X

XI

XII

BIBLIOTHÈQUE NATIONALE R.F. IMPRIMÉS

POITIERS

Imprimerie Marc Texier

7, rue Victor-Hugo, 7

www.ingramcontent.com/pod-product-compliance
Ingram Content Group UK Ltd.
Pitfield, Milton Keynes, MK11 3LW, UK
UKHW020132220726
13923UKWH00001B/134